CEDU(쎄듀)는 **A C**omprehensive **E**nglish e**DU**cation(종합적 영어교육)의 약자입니다.

저자

김기훈   現 ㈜ 쎄듀 대표이사
現 메가스터디 영어영역 대표강사
前 서울특별시 교육청 외국어 교육정책자문위원회 위원

저서   천일문 / 천일문 Training Book / 초등코치 천일문
천일문 GRAMMAR / 왓츠 Grammar / 패턴으로 말하는 초등 필수 영단어
Oh! My Grammar / Oh! My Speaking / Oh! My Phonics
EGU 〈영단어&품사 · 문장 형식 · 동사 · 문법 · 구문〉 / 어휘끝 / 어법끝 / 거침없이 Writing / 쓰작
리딩 플랫폼 / 리딩 릴레이 / Grammar Q / Reading Q / Listening Q 등

쎄듀 영어교육연구센터
쎄듀 영어교육센터는 영어 콘텐츠에 대한 전문지식과 경험을 바탕으로
최고의 교육 콘텐츠를 만들고자 최선의 노력을 다하는 전문가 집단입니다.
장혜승 선임연구원 · **김지원** 전임연구원

마케팅	콘텐츠 마케팅 사업본부
영업	문병구
제작	정승호
인디자인 편집	올댓에디팅
디자인	쎄듀 디자인팀
일러스트	전병준, 연두, 김청희
영문교열	Stephen Daniel White

왓츠
리딩

What's Reading

Words
70 A

영어 독해력, 왜 필요한가요? WHY?

대부분 유아나 초등 시기에 처음 접하는 영어 읽기는 영어 동화책 중심입니다.
아이들이 영어에 친숙해지게 하고, 흥미를 가지게 하려면 재미있는 동화나 짧은 이야기,
즉 '픽션' 위주의 읽기로 접근하는 것이 좋은 방법이기 때문입니다.

그러나 학년이 높아짐에 따라 각종 시험에 출제되는 거의 대부분의 지문은 **유익한 정보나 지식,
교훈 등을 주거나, 핵심 주제를 파악하여 글쓴이의 관점을 이해하는 것이 필요한 '논픽션' 류**입니다.
초등 영어 교육 과정 또한 실용 영어 중심이다 보니, 이러한 다양한 지문을 많이 접하고 그 지문을 이해하는
능력을 기를 수 있는 기회가 사실 많지는 않습니다.

하지만 수능 영어의 경우, 실용 영어부터 기초 학술문까지 다양한 분야의 글이 제시되므로, **사회과학, 자연과학,
문학과 예술 등 다양한 소재에 대한 배경지식을 기르는 것이 매우 중요**하며, 지문을 읽고 핵심 주제와 글의 흐름을
파악해 문제를 풀 수 있는 능력, 즉 영어 독해력이 요구됩니다.

<왓츠 리딩> 시리즈는 아이들이 영어 읽기에 대한 흥미를 계속 유지하면서도, 논픽션 읽기에 자신감을 얻을 수
있도록, 챕터별로 **픽션과 논픽션의 비율을 50:50으로 구성**하였습니다. 각 챕터를 하나의 공통된 주제를 기반으로
한 지문 4개로 구성하여, **다양한 교과과정의 주제별 배경지식과 주요 단어**를 지문 내에서 자연스럽게 습득할 수
있도록 했습니다.

🔍 환경 관련 주제의 초등 ▸ 중등 ▸ 고등 지문 차이 살펴보기

같은 주제의 지문이라 하더라도, 픽션과 논픽션은 글의 흐름과 구조가 다르고, 사용되는 어휘가 다를 수 있습니다.
또한, 어휘의 난이도, 구문의 복잡성, 내용의 추상성 등에 따라 독해 지문의 난도는 크게 차이가 날 수 있습니다.

 초6 'ㅊ' 영어 교과서 지문 (단어 수 83)

>   The earth is sick. The weather is getting warmer. The water is getting worse.
> We should save energy and water. We should recycle things, too.
> What can we do? Here are some ways.
> · Turn off the lights.
> · Don't use the elevators. Use the stairs.
> · Take a short shower.
> · Don't use too much water. Use a cup.
> · Recycle cans, bottles and paper.
> · Don't use a paper cup or a plastic bag.
> Our small hands can save the earth!

초등 교과 과정에서는
필수 단어 **약 800개**
학습을 권장하고 있습니다.

Today I'm going to talk about three plastic bottles. They all started together in a store. But their lives were completely different.

A man came and bought the first bottle. After he drank the juice, he threw the bottle in a trash can. A truck took the bottle to a garbage dump. The bottle was with other smelly trash there. The bottle stayed on the trash mountain for a very long time. (중략)

A little boy bought the third bottle. The boy put the empty bottle in a recycling bin. A truck took the bottle to a plastic company. The bottle became a pen. A man bought it and he gave it to his daughter. Now it is her favorite pen!

What are you going to do with your empty bottles? Recycle! The bottles and the world will thank you for recycling.

중등 교과 과정에서는 **약 1,400**개의 단어를 익혀야 합니다.

고등 **수능 기출 문제** (단어 수 149)

22. 다음 글의 요지로 가장 적절한 것은?

Environmental hazards include biological, physical, and chemical ones, along with the human behaviors that promote or allow exposure. Some environmental contaminants are difficult to avoid (the breathing of polluted air, the drinking of chemically contaminated public drinking water, noise in open public spaces); in these circumstances, exposure is largely involuntary. Reduction or elimination of these factors may require societal action, such as public awareness and public health measures. In many countries, the fact that some environmental hazards are difficult to avoid at the individual level is felt to be more morally egregious than those hazards that can be avoided. Having no choice but to drink water contaminated with very high levels of arsenic, or being forced to passively breathe in tobacco smoke in restaurants, outrages people more than the personal choice of whether an individual smokes tobacco. These factors are important when one considers how change (risk reduction) happens.

* contaminate 오염시키다 ** egregious 매우 나쁜

수능 영어 지문을 해석하려면 기본적으로 **약 3,300**개의 단어 학습이 필요합니다.

① 개인이 피하기 어려운 유해 환경 요인에 대해서는 사회적 대응이 필요하다.
② 환경오염으로 인한 피해자들에게 적절한 보상을 하는 것이 바람직하다.
③ 다수의 건강을 해치는 행위에 대해 도덕적 비난 이상의 조치가 요구된다.
④ 환경오염 문제를 해결하기 위해서는 사후 대응보다 예방이 중요하다.
⑤ 대기오염 문제는 인접 국가들과의 긴밀한 협력을 통해 해결할 수 있다.

왓츠 리딩 학습법

영어 독해력, 어떻게 키울 수 있나요? HOW?

<왓츠 리딩>으로 이렇게 공부해요!

STEP 1 주제별 핵심 단어 학습하기

- 글을 읽기 전에 주제와 관련된 단어들의 의미를 미리 학습하면 처음 보는 글의 내용을 보다 쉽게 이해할 수 있습니다. 주제별 핵심 단어들의 의미를 확인하고, QR코드로 원어민의 생생한 발음을 반복해서 듣고 따라 읽어보세요.

- <왓츠 리딩> 시리즈를 학습하고 나면, 주제별 핵심 단어 약 1,040개를 포함하여, 총 2,000여개의 단어를 완벽하게 익힐 수 있습니다.

STEP 2 다양한 종류의 글감 접하기

- 교과서나 여러 시험에서 다양한 구조로 전개되는 논픽션 류가 등장하기 때문에, 읽기에 대한 흥미를 불러일으키는 픽션 외에도 정보를 전달하는 논픽션을 바탕으로 한 다양한 종류의 글감을 접해야 합니다.

- <왓츠 리딩> 시리즈는 챕터별로 픽션과 논픽션의 비중을 50:50으로 구성하여, 두 가지 유형의 글 읽기를 위한 체계적인 학습이 가능합니다. 설명문뿐만 아니라 전기문, 편지글, 일기, 레시피, 창작 이야기 등 다양한 유형의 글감을 통해 풍부한 읽기 경험을 쌓아 보세요.

STEP 3 지문을 잘 이해했는지 문제로 확인하기

- 독해는 글을 읽으며 글의 목적, 중심 생각, 세부 내용 등을 파악하는 과정입니다. 하나를 읽더라도 정확하게 문장을 해석하면서 문장과 문장 간의 연결을 이해하는 것이 중요해요. 이러한 독해 습관은 모든 학습의 기초인 문해력도 동시에 향상시킬 수 있습니다.

STEP **4** 지문 구조 분석 훈련하기

● 올바른 이해는 글을 읽고 내용을 이해하는 것을 넘어 '나'의 사고를 확장하며 그 내용을 응용하는 것까지 이어져야 합니다. 따라서 글의 내용을 파악하는 문제 외에도 글의 구조를 분석하고 요약문으로 이해한 내용을 정리하는 활동을 통해 '내' 지식으로 만들어 보세요.

STEP **5** 직독직해 훈련하기

● 직독직해란 영어를 적절하게 '끊어서 읽는 것'으로, 영어 어순에 맞게 문장을 읽어 나가는 것을 뜻합니다. 직독직해 연습을 통해 빠르고 정확하게 문장을 해석하는 방법을 익힘으로써 독해력을 키울 수 있습니다.

영어는 우리말과 어순이 다르기 때문에 이러한 훈련이 해석하는 데 큰 도움이 됩니다. 영어 어순에 맞춰 문장을 이해하다보면 복잡한 문장도 더 쉽게 이해할 수 있습니다.

직독직해 훈련의 시작은 기본적으로 주어와 동사를 찾아내는 것부터 할 수 있습니다. 해설에 실린 지문별 끊어 읽기를 보고, 직독직해 연습지를 통해 혼자서도 연습해보세요.

✂ 끊어서 읽기

당신은 무엇을 알고 있는가 / 곰에 대해서? 그들은 먹는다 / 식물, 고기, 그리고 물고기를.   겨울에, /
[1]What do you know / about bears? [2]They eat / plants, meat, and fish. [3]In winter, /

그들은 잠을 잔다 / 4개월 동안.   그들은 다섯 개의 발가락을 가지고 있다 / 각 발에.
they sleep / for four months. [4]They have five toes / on each foot.

자이언트 판다는 곰이다, / ~도.   하지만 자이언트 판다와 곰은 / 똑같지 않다.
[5]Giant pandas are bears, / too. [6]But giant pandas and bears / are not the same.

자이언트 판다는 먹는다 / 대나무를.   그리고 가끔씩, / 야생에 있는 자이언트 판다는 먹는다 /
[7]Giant pandas eat / bamboo. [8]And sometimes, / giant pandas in the wild eat /

STEP **6** 꾸준하게 복습하기

● 배운 내용을 새로운 문장과 문맥에서 다시 복습하는 것이 중요합니다.
제공되는 워크북, 단어 암기장, 그리고 다양한 부가 학습 자료를 활용하여, 그동안 배운 내용을 다시 떠올리며 복습해 보세요.

구성과 특징 Components

★ **<왓츠 리딩> 시리즈는 다음과 같이 구성되어 있습니다.**

<왓츠 리딩> 시리즈는 총 8권으로 구성되었습니다.

	70A / 70B	80A / 80B	90A / 90B	100A / 100B
단어 수 (Words)	60-80	70-90	80-110	90-120
*Lexile 지수	200-400L	300-500L	400-600L	500-700L

* Lexile(렉사일) 지수 미국 교육 연구 기관 MetaMetrics에서 개발한 영어 읽기 지수로, 개인의 영어독서 능력과 수준에 맞는 도서를 읽을 수 있도록 개발된 독서능력 평가지수입니다. 미국에서 가장 공신력 있는 지수로 활용되고 있습니다.

● 한 챕터 안에서 하나의 공통된 주제를 중심으로 다양한 교과과정을 학습할 수 있습니다.
● 익숙한 일상생활 소재뿐만 아니라, 풍부한 읽기 경험이 되도록 여러 글감을 바탕으로 지문을 구성했습니다.
● 주제별 배경지식 및 주요 단어를 지문 안에서 자연스럽게 익힐 수 있습니다.
● 체계적인 독해 학습을 위한 단계별 문항을 제시하며, 다양한 활동을 통해 글의 구조에 대한 이해도를 높일 수 있습니다.

주제 확인하기

하나의 주제를 기반으로 한 4개의 지문을 제공합니다. 어떤 영역의 지문이 등장하는지 한눈에 확인할 수 있습니다.

지문 소개 글 읽기

● 학습자의 흥미를 유발하고, 글에 대한 배경지식을 활성화시켜줍니다.

지문 속 핵심 단어 확인하기

● 지문에 등장하는 핵심 단어를 확인합니다. 각 단어의 의미를 이해하면 읽기에 더 집중할 수 있습니다.

● QR코드를 통해 핵심 단어의 원어민 발음을 들을 수 있습니다.

01 Cute Bears

What do you **know** about bears? They eat plants, meat, and fish. In winter, they sleep for four **months**. They have five toes on **each** foot.

Giant pandas are bears, too. But giant pandas and bears are not the **same**. Giant pandas eat bamboo. And sometimes, giant pandas in **the wild** eat bugs, honey, and leaves. Also, giant pandas don't sleep **long** in winter, and they have six toes on each foot.

01 My Special Pet

Alice did **everything** fast. She ate fast and **walked** fast. But her **pet** sloth was different. The sloth did everything **slowly**.

One evening, she took the sloth for a **walk**. The sloth was so **slow**. Alice **waited for** the sloth. Then she saw her neighbors. She said hi and talked to them. After that, she **smelled** flowers. She also looked at the stars in the sky. Alice enjoyed doing things slowly.

● 다양한 종류의 글감으로 구성된 픽션과 논픽션 지문을 수록하였습니다.

독해력 Up 팁 하나
글을 읽기 전, 글의 내용과 관련된 사진이나 삽화를 보면서 내용을 미리 짐작해 보세요. 추측하면서 읽는 활동은 내용 파악에 도움이 됩니다.

● 핵심 단어 외에 지문에 등장하는 주요 단어와 표현을 확인할 수 있어요.

독해력 Up 팁 둘
모르는 단어가 있더라도 지문을 읽어본 다음, 그 단어의 의미를 추측해 보세요. 문장과 함께 단어의 의미를 학습하면 기억에 오래 남게 됩니다.

01 Cute Bears

What do you **know** about bears? They eat and fish. In winter, they sleep for four **months**. They have five toes on **each** foot.

Giant pandas are bears, too. But giant pandas and bears are not the **same**. Giant pandas eat bamboo. And sometimes, giant pandas in **the**

● QR코드를 통해 지문과 단어의 MP3 파일을 들을 수 있습니다.

독해력 Up 팁 셋
음원을 듣고 따라 읽으면서 복습해 보세요. 영어 독해에 대한 두려움은 줄고, 자신감을 쌓을 수 있어요.

독해 실력을 길러주는 단계별 문항 Step 1, 2, 3

Step 1

Check Up

● 지문을 읽고 나서 내용을 잘 이해
했는지 확인해 보세요.

● 중심 생각과 세부 내용을 확인
하는 다양한 유형의 문제를 풀면
서 독해력의 기본기를 탄탄하게
쌓을 수 있어요.

Step 2

Build Up

글의 내용을 분류하고, 비교하고,
분석하면서 글의 구조를 정리해
보세요. 글의 순서, 원인-결과,
질문-대답 등 여러 리딩 스킬 학습을
통해 다양한 각도로 글을 이해할 수
있습니다.

Step 3

Sum Up

빈칸 채우기, 시간 순 정리 활동으로
글의 요약문을 완성해 보세요.
글의 흐름을 다시 한번 복습하면서
학습을 마무리할 수 있습니다.

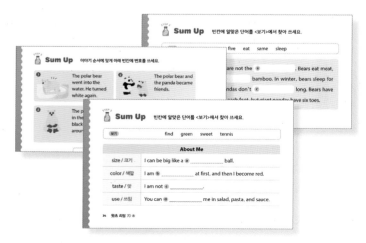

지문 속 단어 정리 및 복습

지문에 등장한 단어와 표현을 복습해요.
삽화를 통한 의미 확인, 연결 짓기, 추가 예문을 통해
단어의 의미를 한 번 더 정리합니다.

독해 학습을 완성하는 책속책과 별책 부록

WORKBOOK

- 지문에 등장했던 핵심 단어와 표현을 확인할
수 있어요.

- 주어, 동사 찾기 연습과 단어 배열 연습 문제
로 영작 연습하면서 지문 내용을 복습할 수
있습니다.

자세한 해설 및 해석 제공

- 정답의 이유를 알려주는 문제 해설, 영어의
어순으로 빠르게 해석할 수 있는 방법을
보여 주는 직독직해를 확인해 보세요.

- 혼자서 해석하기 어려운 문장을 설명해주는
문장 분석하기 코너를 활용해 보세요.

단어 암기장

- 지문에 등장했던 모든 단어와 표현을 확인할
수 있어요.

- QR코드를 통해 단어 MP3 파일을 듣고 단어
의미를 복습하면서 어휘력을 기를 수 있어요.

무료 부가서비스
www.cedubook.com

1. 단어 리스트   2. 단어 테스트   3. 직독직해 연습지
4. 영작 연습지   5. 받아쓰기 연습지   6. MP3 파일 (단어, 지문)

목차 Contents

Pandas

ANIMALS **01**

판다는 곰의 한 종류이지만, 판다와 곰은 여러모로 다른 특징을 가지고 있어요.

01 Cute Bears

know (- knew)	동 알다, 알고 있다
month	명 달, 월
each	형 각각의, 각자의
same	형 같은 *the same 같은 것
the wild	야생, 자연
long	부 오래, 오랫동안 형 (길이·거리가) 긴

LITERATURE **02**

모습이 다른 두 친구의 우정 이야기를 한번 읽어보세요. 서로 달라도 친구가 되는 건 어렵지 않아요.

02 Panda and Polar Bear

cover (- covered)	동 가리다, 감추다
circle	명 원, 동그라미
say (- said)	동 말하다
friend	명 친구
hungry	형 배고픈
fish (- fished)	동 물고기를 잡다, 낚시하다 명 물고기, 어류

VOCA

03

WORLD

판다는 주로 중국에서 살지만,
세계 곳곳에서도 판다를 볼 수 있답니다.
약 50마리의 판다가 18개국의 동물원에서
살고 있다고 해요.

Pandas in the World

send (- sent)	동 보내다
other	형 다른, 그 밖의
free	형 1 무료의, 공짜의 2 자유로운
return (- returned)	동 돌려주다, 반납하다
care	명 보살핌, 돌봄
keep (- kept)	동 계속 가지고 있다

04

MYTH

판다의 대표적인 특징은 눈 주변이
검은 것이죠. 언제부터 그랬을까요?
판다의 눈 주변에 관한 전설을 함께
읽어보아요.

Sad Pandas

beautiful	형 아름다운
alone	형 홀로, 외로운
show up (- showed up)	나타나다
kill (- killed)	동 죽이다, 목숨을 빼앗다
cry (- cried)	동 울다
around	전 ~의 주위에
forever	부 영원히

01 Cute Bears

What do you **know** about bears? They eat plants, meat, and fish. In winter, they sleep for four **months**. They have five toes on **each** foot.

Giant pandas are bears, too. But giant pandas and bears are not **the same**. Giant pandas eat bamboo. And sometimes, giant pandas in **the wild** eat bugs, honey, and leaves. Also, giant pandas don't sleep **long** in winter, and they have six toes on each foot.

● ● **주요 단어와 표현**

bear 곰   about ~에 대해   eat 먹다   plant 식물   meat 고기   fish 물고기   winter 겨울   sleep (잠을) 자다   toe 발가락   foot 발   giant panda 자이언트 판다   too ~도, 또한   bamboo 대나무   sometimes 가끔, 때때로   bug 벌레 honey 꿀   leaf 나뭇잎

Check Up

정답과 해설 p.2

1 이 글은 무엇에 대해 설명하는 내용인가요?

중심
생각

> 곰과 자이언트 판다의 _____

① 사는 곳　　　　　　② 차이점　　　　　　③ 공통점

2 글의 내용과 맞는 것에는 ○표, 틀린 것에는 ✕표 하세요.

세부
내용

(a) 곰은 식물과 고기, 물고기를 먹는다. _____

(b) 야생 자이언트 판다는 가끔 꿀을 먹기도 한다. _____

(c) 자이언트 판다는 각 발의 다섯 개의 발가락을 가지고 있다. _____

3 빈칸 (A)와 (B)에 공통으로 들어갈 단어를 고르세요.

세부
내용

> Bears _____(A)_____ in winter. Giant pandas don't _____(B)_____ long
> in winter.

① eat　　　　　　② sleep　　　　　　③ walk

4 글에 등장하는 단어로 빈칸을 채워 보세요.

중심
생각

> Giant pandas and _____ⓐ_____ are not the _____ⓑ_____ .
> 자이언트 판다와 __ⓐ__ 은[는] __ⓑ__ 않다.

ⓐ : _____　　　　　　ⓑ : _____

STEP 2 Build Up

글을 읽고, 빈칸에 <보기>의 단어를 채워 곰과 자이언트 판다의 차이점을 완성하세요.

| 보기 | long   six   sleep   toes |

Bears

- eat plants, meat, and fish.
- a _____ for four months in winter.
- have five b _____ on each foot.

Giant pandas

- eat bamboo.
- don't sleep c _____ in winter.
- have d _____ toes on each foot.

STEP 3 Sum Up

빈칸에 알맞은 단어를 <보기>에서 찾아 쓰세요.

| 보기 | five   eat   same   sleep |

Bears and giant pandas are not the a _____ . Bears eat meat, but giant pandas b _____ bamboo. In winter, bears sleep for four months, but giant pandas don't c _____ long. Bears have d _____ toes on each foot, but giant pandas have six toes.

Look Up

A 아래 그림에 알맞은 단어를 고르세요.

1

☐ long
☐ same

2

☐ sleep
☐ know

3

☐ month
☐ winter

B 주어진 단어의 알맞은 우리말 뜻을 찾아 연결하세요.

1 the wild ·   · 나뭇잎

2 leaf ·   · 야생, 자연

3 meat ·   · 발

4 foot ·   · 고기

C 우리말 해석에 맞도록 <보기>에서 알맞은 단어를 골라 빈칸에 쓰세요.

> 보기   know   long   each

1 나는 네 전화를 오래 기다렸다.

→ I waited   for your call.

2 이제 나는 그 답을 안다.

→ Now I   the answer.

3 각각의 테이블 위에 책이 한 권씩 있다.

→ There is a book on   table.

Panda and Polar Bear

One day, a polar bear fell in the mud. He **covered** his eyes. His eyes had black **circles** like pandas. Then a panda came and **said** hello. They became **friends** and played together.

The polar bear was **hungry**. The panda gave bamboo to him. But he didn't like it. He said, "Let's **fish**!" The polar bear and the panda went into the water. The polar bear turned white again. The panda was surprised. He said, "You are not a panda!" The polar bear said, "I'm a polar bear. But we are both bears!"

●● **주요 단어와 표현**

polar bear 북극곰   one day 어느 날   fall in(- fell in) ~에 빠지다   mud 진흙   like ~처럼; 좋아하다   then 그때
come(- came) 오다   become(- became) ~가 되다   together 함께   give(- gave) 주다   go into(- went into) ~에 들
어가다   turn(- turned) 변하다, ~ 해지다   again 다시   surprised 놀란, 놀라는   both 둘 다

Check Up

1 이 글의 알맞은 제목을 고르세요.

중심
생각

① 북극곰의 신나는 모험

② 친구가 된 판다와 북극곰

③ 판다의 숨겨진 수영 실력

2 글의 내용과 맞는 것에는 ○표, 틀린 것에는 ✕표 하세요.

세부
내용

(a) 판다 눈 주위에 진흙이 묻었다.　　　　　　　　　_____

(b) 북극곰은 판다가 준 대나무를 좋아했다.　　　　_____

(c) 북극곰은 물속에 들어가서 하얗게 변했다.　　　_____

3 판다가 놀란 이유로 알맞은 것을 고르세요.

세부
내용

① 북극곰이 수영을 잘해서

② 북극곰이 진흙으로 뒤덮여서

③ 북극곰이 판다가 아니어서

4 글에 등장하는 단어로 빈칸을 채워 보세요.

중심
생각

> A polar bear and a panda became _____ⓐ_____ and played
> _____ⓑ_____.
>
> 북극곰과 판다는 ___ⓐ___ 이[가] 되었고 ___ⓑ___ 놀았다.

ⓐ : _____　　　　　　　　ⓑ : _____

Build Up

글을 읽고, 빈칸에 <보기>의 단어를 채워 원인과 결과를 완성하세요.

보기	white like mud surprised

<table>
<tr><th colspan="2" style="text-align:center">원인</th><th style="text-align:center">결과</th></tr>
<tr><td>The polar bear fell in the a _____.</td><td>→</td><td>His eyes had black circles like pandas.</td></tr>
<tr><td>The polar bear didn't b _____ bamboo.</td><td>→</td><td>The polar bear and the panda went into the water.</td></tr>
<tr><td>The polar bear turned c _____.</td><td>→</td><td>The panda was d _____.</td></tr>
</table>

Sum Up

이야기 순서에 맞게 아래 빈칸에 번호를 쓰세요.

❶  The polar bear went into the water. He turned white again.

❷  The polar bear and the panda became friends.

❸  The polar bear fell in the mud. He had black circles around his eyes.

❹  The panda gave bamboo to the polar bear. But the polar bear didn't like it.

⬜ → ⬜ → ⬜ → ⬜

Look Up

A 아래 그림에 알맞은 단어를 고르세요.

1

☐ mud
☐ circle

2

☐ hungry
☐ surprised

3

☐ fall
☐ cover

B 주어진 단어의 알맞은 우리말 뜻을 찾아 연결하세요.

1 fish   ·   · 친구

2 again   ·   · 물고기를 잡다

3 together   ·   · 함께

4 friend   ·   · 다시

C 우리말 해석에 맞도록 <보기>에서 알맞은 단어를 골라 빈칸에 쓰세요.

보기	covered hungry said

1 배고픈 호랑이는 사슴을 사냥한다.

  → The _____ tiger hunts a deer.

2 엄마가 "손을 씻어라."라고 말씀하셨다.

  → Mom _____, "Wash your hands."

3 그녀는 손으로 자신의 얼굴을 가렸다.

  → She _____ her face with her hands.

03 WORLD

Pandas in the World

Pandas come from China. There are about 1,600 pandas in China. China takes good care of them. But the country **sends** them to **other** countries. Why? China stays friends with other countries. But it's not **free**. It costs $1 million every year.

Some countries **return** them because it's expensive. The pandas also eat a lot. They need special **care**. But most countries **keep** them. Why? People love the pandas. They want to see the pandas at the zoo.

●● **주요 단어와 표현**

world 세계, 세상   come from ~에서 오다   China 중국   about 약, 대략   take good care of ~을 소중히 여기다
country 나라   stay 유지하다   cost (값·비용이) ~이다   million 100만   every 매~, ~마다   some 몇몇의   expensive
값비싼   also 또한   a lot 많이   need 필요하다   special 특별한   most 대부분의   people 사람들   want to ~하기를
원하다   zoo 동물원

Check Up

정답과 해설 p.6

1

중심
생각

이 글은 무엇에 대해 설명하는 내용인가요?

① 판다가 값비싼 이유

② 판다를 보호하는 방법

③ 여러 나라에서 판다를 볼 수 있는 이유

2

세부
내용

판다에 대해 글의 내용과 맞는 것에는 ○표, 틀린 것에는 ✕표 하세요.

(a) 중국에만 약 1,600마리가 살고 있다. _____

(b) 무료로 다른 나라로 보내진다. _____

(c) 많이 먹지만 특별한 보살핌이 필요 없다. _____

3

세부
내용

중국이 다른 나라로 판다를 보내는 이유를 고르세요.

① 판다의 수를 늘리기 위해서

② 좋은 관계를 유지하기 위해서

③ 비용이 너무 많이 들기 때문에

4

중심
생각

글에 등장하는 단어로 빈칸을 채워 보세요.

China _____ ⓐ _____ pandas to other countries and stays _____ ⓑ _____
with them.

중국은 판다를 다른 나라들로 __ ⓐ __ 그리고 그들과 __ ⓑ __ 을[를] 유지한다.

ⓐ : _____   ⓑ : _____

STEP 2

Build Up 글을 읽고, 빈칸에 <보기>의 단어를 채워 원인과 결과를 완성하세요.

보기   keep   return   sends   friends

원인		결과
China wants to stay a _____ with other countries.	→	The country b _____ pandas to other countries.
It costs $1 million every year.	→	Some countries c _____ pandas.
Many people love pandas and want to see them at the zoo.	→	Most countries d _____ them.

STEP 3

Sum Up 빈칸에 알맞은 단어를 <보기>에서 찾아 쓰세요.

보기   care   about   expensive   love   countries

Hello, I am a panda. There are a _____ 1,600 of us in China. China takes good care of us. But the country sends us to other b _____. Sometimes, we come back to China because we are too c _____. Also, we need special d _____. But people e _____ us. So most countries keep us.

Look Up

A 아래 그림에 알맞은 단어를 고르세요.

1
☐ send
☐ need

2
☐ free
☐ expensive

3
☐ care
☐ country

B 주어진 단어의 알맞은 우리말 뜻을 찾아 연결하세요.

1 keep •   • 특별한

2 special •   • 많이

3 most •   • 계속 가지고 있다

4 a lot •   • 대부분의

C 우리말 해석에 맞도록 <보기>에서 알맞은 단어를 골라 빈칸에 쓰세요.

> 보기   free   other   returned

1 우리는 매일 다른 사람들과 얘기한다.

→ We talk with _____ people every day.

2 나는 도서관에 그 책을 반납했다.

→ I _____ the book to the library.

3 그녀는 콘서트의 공짜 표를 가지고 있다.

→ She has a _____ ticket to the concert.

Sad Pandas

There were four **beautiful** and kind girls. One day, they found a baby panda. The baby panda was **alone**. A hungry tiger **showed up**. It tried to attack the panda. The girls saved the panda from the tiger. But the tiger **killed** the girls.

Later, the panda family showed up. The family saw the girls and **cried**. They cried for a long time. Their tears made black circles **around** their eyes. The black circles around their eyes stayed **forever**.

● ● **주요 단어와 표현**

kind 친절한 find(- found) 발견하다, 찾다 tiger 호랑이 try to(- tried to) ~하려고 하다 attack 공격하다 save (- saved) 구하다 later 나중에, 후에 see(- saw) 보다 tear 눈물 make(- made) 만들다 stay(- stayed) 남다

Check Up

정답과 해설 p.8

1 이 글의 알맞은 제목을 고르세요.

중심
생각

① 아기 판다와 친구들

② 판다 가족의 모험

③ 판다의 검은 눈물 자국

2 글의 내용과 맞는 것에는 ○표, 틀린 것에는 ✕표 하세요.

세부
내용

(a) 소녀들은 혼자 있는 아기 판다를 발견했다. _____

(b) 소녀들과 아기 판다는 살아남지 못했다. _____

(c) 판다 가족은 울지 않았다. _____

3 판다의 눈 주변을 검게 만든 것을 고르세요.

세부
내용

① 소녀들의 친절함   ② 판다의 눈물   ③ 호랑이의 공격

4 글에 등장하는 단어로 빈칸을 채워 보세요.

중심
생각

> Why do pandas have _____ⓐ_____ circles around their _____ⓑ_____ ?
>
> 판다는 왜 __ⓑ__ 주위에 __ⓐ__ 원을 갖고 있을까?

ⓐ : _____   ⓑ : _____

Build Up 각 등장인물을 설명하는 내용에 알맞게 연결하세요.

(A) tried to attack the baby panda.

❶ The four girls

(B) cried for a long time.

(C) found a baby panda.

❷ The tiger

(D) had black circles because of their tears.

❸ The panda family

(E) saved the baby panda.

 Sum Up 이야기 순서에 맞게 아래 빈칸에 번호를 쓰세요.

❶  A hungry tiger showed up and tried to attack the panda.

❷  The girls saved the baby panda. But the tiger killed the girls.

❸  The panda family saw the girls and cried.

❹   The girls found a baby panda.

Look Up

A

아래 그림에 알맞은 단어를 고르세요.

① ☐ attack
☐ save

② ☐ kind
☐ alone

③ ☐ cry
☐ kill

B

주어진 단어의 알맞은 우리말 뜻을 찾아 연결하세요.

① beautiful ·

② around ·

③ tear ·

④ show up ·

· 눈물

· 나타나다

· ~의 주위에

· 아름다운

C

우리말 해석에 맞도록 <보기>에서 알맞은 단어를 골라 빈칸에 쓰세요.

> 보기   forever   killed   alone

① 사냥꾼은 총으로 새들을 죽였다.

   → A hunter   birds with a gun.

② 그는 자신의 방에 혼자 있었다.

   → He was   in his room.

③ 많은 왕들은 영원히 살기를 바랐다.

   → Many kings wanted to live   .

Red Food

NATURE 01

따뜻한 햇볕과 약간의 물만 있으면,
'나'를 키우는 건 그렇게 어렵지 않아요!

I Like the Sun!

grow (- grew)	통 자라다, 크다
like (- liked)	통 좋아하다 전 ~와 같이, ~처럼
weak	형 약한, 힘이 없는
cut off (- cut off)	~을 자르다, ~을 잘라내다
sweet	형 달콤한, 단
find (- found)	통 찾다, 발견하다

ORIGIN 02

유럽 사람들은 독이 있다고 믿어 '이것'을
먹지 않았어요. 이런 억울한 누명을 쓰게 된
이유는 무엇일까요?

Poison Apple

poison	명 독, 독약
eat (- ate)	통 먹다
rich	형 부유한, 돈 많은
afraid	형 두려워하는, 겁내는 *afraid of ~을 두려워하는
wrong	형 1 틀린, 잘못 알고 있는 2 잘못된, 나쁜
do (- did)	통 (행동, 일 등을) 하다

LITERATURE

03 A Ball in the Garden

take (- took)	동 가져가다
throw (- threw)	동 던지다
plant	명 식물
pick (- picked)	동 1 (꽃을) 꺾다, 따다 2 고르다, 선택하다
again	부 다시, 한 번 더
turn into (- turned into)	~이 되다, ~으로 변하다

어느 날 아기 토끼가 우연히 발견한
빨간 공은 토끼 가족에게 더 큰 기쁨을
가져왔답니다.

FOOD

04 Delicious Sauce!

taste (- tasted)	동 1 맛보다 2 ~한 맛이 나다
begin (- began)	동 시작하다
go bad (- went bad)	(음식이) 상하다
new	형 새, 새로운
fresh	형 신선한, 싱싱한
whole	형 전체의, 모든

시큼하면서도 달콤한 맛이 나는 이 소스는
우리 주변에서 가장 많이 쓰이는데요,
'이것'을 사용한 가공품 중 가장 생산량이
많답니다.

I Like the Sun!

When I **grow**, I need sunshine. I **like** warm soil. In cold soil, I won't grow. I need water. But I don't want too much water. I will become **weak**. Farmers **cut off** my bottom leaves. Then I can be healthy and strong. I grow from seeds **like** a fruit. But I'm not **sweet**. I can be big like a tennis ball. I am green at first. But I become red. You can **find** me in salad, pasta, and sauce. What am I?

●● **주요 단어와 표현**

need 필요하다   sunshine 햇빛   warm(↔ cold) 따뜻한(↔ 차가운)   soil 흙   too much 너무 많은   become(- became) ~해지다, ~가 되다   farmer 농부   bottom 맨 아래쪽에   leaf 잎   then 그러면; 그때; 그 후에   healthy 건강한   strong 튼튼한   seed 씨앗   fruit 과일; 열매   at first 처음에는

Check Up

정답과 해설 p.11

1

중심
생각

글에 등장하는 'I'에 가장 알맞은 것을 고르세요.

① 양파   ② 사과   ③ 토마토

2

세부
내용

글의 'I'에 대한 내용과 맞는 것에는 ○표, **틀린** 것에는 ✕표 하세요.

(a) 따뜻한 흙보다는 차가운 흙에서 잘 자란다.   ＿＿＿＿＿

(b) 물을 많이 줄수록 잘 자란다.   ＿＿＿＿＿

(c) 밑에 있는 잎을 따 주면 더 튼튼하게 자란다.   ＿＿＿＿＿

3

세부
내용

'I'에 대해 글에서 알 수 <u>없는</u> 것을 고르세요.

① 맛   ② 생김새   ③ 요리 방법

4

세부
내용

글에 등장하는 단어로 빈칸을 채워 보세요.

I grow from ＿＿＿ⓐ＿＿＿ like a fruit, but I'm not ＿＿＿ⓑ＿＿＿.

나는 과일처럼 ＿ⓐ＿ 에서 자라지만, 나는 ＿ⓑ＿ 않다.

ⓐ : ＿＿＿＿＿＿＿＿＿   ⓑ : ＿＿＿＿＿＿＿＿＿

STEP 2

Build Up

글을 읽고, 빈칸에 <보기>의 단어를 채워 'I'가 성장하는 데 필요한 것을 완성하세요.

| 보기 | healthy   need   weak   warm |

Sunshine

I a _____ sunshine when I grow.

Soil

I like b _____ soil. In cold soil, I won't grow.

Water

I need water. But I will become c _____ with too much water.

Leaves

Cut off my bottom leaves. Then I will be d _____ and strong.

STEP 3

Sum Up

빈칸에 알맞은 단어를 <보기>에서 찾아 쓰세요.

| 보기 | find   green   sweet   tennis |

About Me

size / 크기	I can be big like a a _____ ball.
color / 색깔	I am b _____ at first, and then I become red.
taste / 맛	I am not c _____.
use / 쓰임	You can d _____ me in salad, pasta, and sauce.

Look Up

A 아래 그림에 알맞은 단어를 고르세요.

1
- ☐ cold
- ☐ warm

2
- ☐ weak
- ☐ strong

3
- ☐ find
- ☐ grow

B 주어진 단어의 알맞은 우리말 뜻을 찾아 연결하세요.

1 become ·   · ~을 자르다

2 healthy ·   · 찾다, 발견하다

3 cut off ·   · 건강한

4 find ·   · ~해지다

C 우리말 해석에 맞도록 <보기>에서 알맞은 단어를 골라 빈칸에 쓰세요.

> 보기   grow   like   sweet

1 나는 달콤한 간식을 좋아한다.

→ I like _____ snacks.

2 그 남자아이는 바람처럼 달렸다.

→ The boy ran _____ the wind.

3 많은 나무들이 숲속에서 자란다.

→ Many trees _____ in the forest.

Poison Apple

Tomatoes are bright and shiny red fruit. Long ago, tomatoes had a nickname. It was "**poison** apple." People in Europe didn't **eat** tomatoes.

Why not? Some **rich** people ate tomatoes. But soon they became sick and died. From then, everyone became **afraid of** tomatoes.

But they were **wrong** about tomatoes. Those rich people used *lead plates when they ate tomatoes. Lead is very dangerous. People can get sick or die. So the rich people died from lead poisoning. Tomatoes didn't **do** anything wrong!

*lead ((금속, 광물)) 납

●● **주요 단어와 표현**

bright 밝은   shiny 빛나는   long ago 오래 전에   nickname 별명   Europe 유럽   soon 곧, 머지않아   die(- died) 죽다 *die from(- died from) ~으로 죽다   everyone 모두, 모든 사람   use(- used) 사용하다   plate 접시   dangerous 위험한   poisoning 중독   anything 아무것도

Check Up

1 이 글에서 가장 중심이 되는 단어에 ○표 하세요.
중심
생각

| poison | rich | Europe | tomatoes | lead |

2 이 글은 무엇에 대해 설명하는 내용인가요?
중심
생각

① 토마토 별명의 유래   ② 유럽인들의 납 중독   ③ 유럽 전통의 토마토 요리

3 글의 내용과 맞는 것에는 ○표, **틀린** 것에는 ✕표 하세요.
세부
내용

(a) 오래 전부터 유럽 사람들은 토마토를 즐겨 먹었다.   _____

(b) 사람들은 납이 위험하다는 것을 알지 못했다.   _____

(c) 토마토의 별명, '독사과'는 사람들의 오해로 생겼다.   _____

4 부유한 사람들이 토마토를 먹은 후, 아프거나 죽은 이유를 고르세요.
세부
내용

① 토마토에 독성이 있어서

② 심한 알레르기를 일으켜서

③ 납으로 된 접시를 사용해서

5 글에 등장하는 단어로 빈칸을 채워 보세요.
세부
내용

Long ago, people in Europe became _____ ⓐ _____ of tomatoes and didn't _____ ⓑ _____ them.

오래 전에, 유럽에 있는 사람들은 토마토를 ___ ⓐ ___ 되었고 그것들을 ___ ⓑ ___ 않았다.

ⓐ : _____   ⓑ : _____

Build Up

글을 읽고, 빈칸에 <보기>의 단어를 채워 토마토가 '독사과'라는 별명을 얻게 된 이유를 완성하세요.

| 보기 | afraid   eat   rich   sick |

Some **a** _____ people in Europe ate tomatoes.

↓

They became **b** _____ and died.

↓

Everyone became **c** _____ of tomatoes and didn't **d** _____ them.

↓

"Poison apple" became tomatoes' nickname.

Sum Up

빈칸에 알맞은 단어를 <보기>에서 찾아 쓰세요.

| 보기 | used   do   died   eat |

Long ago, people in Europe didn't **a** _____ tomatoes. Some rich people ate tomatoes and **b** _____. So everyone was afraid of tomatoes. But tomatoes didn't **c** _____ anything wrong. The rich people became sick and died from lead poisoning. They **d** _____ lead plates when they ate tomatoes.

A 아래 그림에 알맞은 단어를 고르세요.

①

☐ plate
☐ poison

②

☐ afraid
☐ shiny

③

☐ eat
☐ use

B 주어진 단어의 알맞은 우리말 뜻을 찾아 연결하세요.

① die　　　　　　　　•　　　• 틀린; 잘못된

② wrong　　　　　　 •　　　• 위험한

③ dangerous　　　•　　　• 별명

④ nickname　　　•　　　• 죽다

C 우리말 해석에 맞도록 <보기>에서 알맞은 단어를 골라 빈칸에 쓰세요.

> 보기　　　　　　　afraid　　do　　rich

① 그 배우는 부유하고 유명해졌다.

→ The actor became _____ and famous.

② 너는 지난 일요일에 무엇을 했니?

→ What did you _____ last Sunday?

③ 너는 거미가 무섭니?

→ Are you _____ of spiders?

03 A Ball in the Garden

A baby rabbit found a red ball. He **took** it home. But his mother **threw** the ball into the garden. She said, "I have a reason."

A few days later, the baby rabbit saw a small **plant**. He wanted to **pick** it. But his mother stopped him.

Later, the baby rabbit saw flowers on the plant. He wanted to pick them. But his mother stopped him **again**.

Later, the flowers **turned into** small fruits. The small fruits became big and red. The red ball was a tomato!

●● **주요 단어와 표현**

garden 정원   home 집으로   into ~안으로   say(- said) 말하다   reason 이유   a few days later 며칠 후   later 나중에   see(- saw) 보다   small 작은   want to(- wanted to) ~하기를 원하다, ~하고 싶다   stop(- stopped) (어떤 일이나 행동을) 막다   flower 꽃

Check Up

정답과 해설 p.16

1 이 글의 알맞은 제목을 고르세요.

중심
생각

① 빨간 공의 정체   ② 즐거운 공놀이 시간   ③ 아기 토끼의 정원

2 글의 내용과 맞는 것에는 ○표, **틀린** 것에는 ✕표 하세요.

세부
내용

(a) 엄마 토끼는 빨간 공 하나를 발견했다.   _____

(b) 아기 토끼는 작은 식물에 난 꽃을 꺾었다.   _____

(c) 엄마 토끼는 빨간 공에 대해 알고 있었다.   _____

3 엄마 토끼가 빨간 공을 정원에 던진 이유를 고르세요.

세부
내용

① 공이 너무 더러워서

② 정원을 가꾸기 위해서

③ 더 많은 열매를 얻기 위해서

4 글에 등장하는 단어로 빈칸을 채워 보세요.

세부
내용

The small _____ⓐ_____ became big and _____ⓑ_____ tomatoes.

그 작은 ___ⓐ___ 은[는] 크고 ___ⓑ___ 토마토가 되었다.

ⓐ : _____   ⓑ : _____

Build Up   아래 등장인물을 각각 설명하는 내용에 알맞게 연결하세요.

- (A) said, "I have a reason."

1 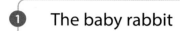 The baby rabbit

- (B) found a red ball.

- (C) wanted to pick the plant's flowers.

2 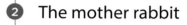 The mother rabbit

- (D) threw the red ball into the garden.

STEP 3

 ## Sum Up   이야기 순서에 맞게 빈칸에 번호를 써 보세요.

 **1** The baby rabbit found a red ball and took it home.

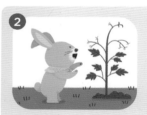 **2** The baby rabbit saw a small plant. Later, he saw flowers on the plant.

 **3** The flowers turned into small fruits. The small fruits became big tomatoes.

 **4** His mother threw the red ball into the garden.

Look Up

A 아래 그림에 알맞은 단어를 고르세요.

①

☐ see
☐ pick

②

☐ plant
☐ fruit

③

☐ stop
☐ throw

B 주어진 단어의 알맞은 우리말 뜻을 찾아 연결하세요.

① small •　　　　　• 이유

② again •　　　　　• 작은

③ reason •　　　　　• 다시

④ garden •　　　　　• 정원

C 우리말 해석에 맞도록 <보기>에서 알맞은 단어를 골라 빈칸에 쓰세요.

> 보기　　　　　threw　　took　　turned into

① 그 개구리는 왕자로 변했다.

　→ The frog 　　　　　　　 a prince.

② 그는 강으로 돌을 던졌다.

　→ He 　　　　　　　 the rocks into the river.

③ 나는 학교로 내 축구공을 가져갔다.

　→ I 　　　　　　　 my soccer ball to school.

Delicious Sauce!

Ketchup is made from tomatoes. But long ago, ketchup was fish sauce from Asia. Then some British people **tasted** ketchup in Asia. They wanted to make it, too. So, they used mushrooms and fish.

Later, farmers made tomato ketchup. They **began** to sell it. But their tomato ketchup **went bad** fast.

Then Henry Heinz created a **new** tomato ketchup. He added vinegar and sugar to it. His ketchup stayed **fresh** for a **whole** year!

●● ● **주요 단어와 표현**

delicious 맛있는   sauce 소스   ketchup 케첩   is[are] made from ~로 만들어진다   Asia 아시아   British 영국의
mushroom 버섯   sell 팔다   fast 빨리   create(- created) 만들어 내다   add(- added) 첨가하다, 더하다   vinegar 식초
sugar 설탕   stay(- stayed) ~인 채로 있다   year 년, 해

Check Up

1

중심
생각

이 글은 무엇에 대해 설명하는 내용인가요?

> 케첩의 _____

① 종류   ② 변화 과정   ③ 요리법

2

세부
내용

글의 내용과 맞는 것에는 ○표, 틀린 것에는 ×표 하세요.

(a) 옛날에는 생선으로 케첩을 만들었다.   _____

(b) 몇몇 영국인들은 아시아에서 처음 케첩을 맛보았다.   _____

(c) Heinz가 제일 먼저 토마토케첩을 만들어 팔기 시작했다.   _____

3

세부
내용

Henry Heinz가 사용한 케첩 재료가 아닌 것을 고르세요.

① 버섯   ② 설탕   ③ 식초

4

세부
내용

글에 등장하는 단어로 빈칸을 채워 보세요.

> Henry Heinz's tomato _____ⓐ_____ stayed _____ⓑ_____ for a whole year.
>
> Henry Heinz의 토마토 ___ⓐ___ 은[는] 일 년 내내 ___ⓑ___ 채로 있었다.

ⓐ : _____   ⓑ : _____

STEP 2

| ① British people | ② Farmers | ③ Henry Heinz |

(A) It went bad fast.

(B) It had vinegar and sugar in it.

(C) It had mushrooms and fish in it.

STEP 3

 Sum Up 빈칸에 알맞은 단어를 <보기>에서 찾아 쓰세요.

보기   fish   fresh   mushrooms   sugar   tomato

Long ago, ketchup was ⓐ   sauce from Asia.

↓

Some British people made ketchup with ⓑ   and fish.

↓

Farmers made ⓒ   ketchup. It went bad fast.

↓

Henry Heinz added vinegar and ⓓ   to his tomato ketchup.

It stayed ⓔ   for a whole year.

A 아래 그림에 알맞은 단어를 고르세요.

1

- ☐ taste
- ☐ create

2

- ☐ long
- ☐ fresh

3

- ☐ fast
- ☐ whole

B 주어진 단어의 알맞은 우리말 뜻을 찾아 연결하세요.

1 begin ·   · 버섯

2 mushroom ·   · ~인 채로 있다

3 sell ·   · 시작하다

4 stay ·   · 팔다

C 우리말 해석에 맞도록 <보기>에서 알맞은 단어를 골라 빈칸에 쓰세요.

> 보기   new   goes bad   taste

1 내 여동생은 새 드레스를 샀다.

→ My sister bought a _____ dress.

2 나는 그 수프를 맛보고 싶다.

→ I want to _____ the soup.

3 여름에는, 음식이 빨리 상한다.

→ In summer, food _____ fast.

Cow

LITERATURE

할아버지의 일일 도우미로 나선
'나'의 농장에서의 하루는 어땠을까요?

01 Grandfather's Farm

visit (- visited)	동 방문하다
farm	명 농장
take care of (- took care of)	~을 돌보다
clean (- cleaned)	동 청소하다, 깨끗하게 하다
fill (- filled)	동 채우다 *fill A with B A를 B로 채우다
easy	형 쉬운

ART

뉴욕 시에 있는 유명한 이 조각상이 처음
설치된 곳은 지금과 다른 곳이었대요.

02 Charging Bull

come (- came)	동 오다
make (- made)	동 만들다, 제작하다
building	명 건물
under	전 ~ 아래에
gift	명 선물
take away (- took away)	치우다, 없애다

LITERATURE 03

소는 가장 은혜로운 동물 중 하나라고 해요.
은혜를 갚은 소의 이야기를 알아봐요.

Raju and the Farmer

sell (- sold)	동 팔다
money	명 돈 *make money 돈을 벌다
become (- became)	동 ~해지다, ~이 되다
sick	형 아픈, 병든
home	부 집에, 집으로
decide (- decided)	동 결정하다

HISTORY 04

사람과 친하고 유용한 가축인 소는
오래 전부터 우리에게 많은 것을
베풀었답니다.

Cows: Giving Animals

reason	명 이유
work (- worked)	동 일하다
carry (- carried)	동 운반하다
heavy	형 무거운
pull (- pulled)	동 끌어당기다, 당기다
helpful	형 도움이 되는

01 Grandfather's Farm

Today, I **visited** my grandfather's **farm**. My grandfather needed help because a mother cow had a baby cow. The baby cow was small and weak. My grandfather **took care of** it. I took care of the mother cow. I gave some food to the cow. I **cleaned** the farm. I needed milk from the cow. But the cow kept moving. So I hugged the cow and tried again. I **filled** a bucket **with** milk. It wasn't **easy**, but I felt great.

●● **주요 단어와 표현**

need(- needed) 필요하다   help 도움   have(- had) 낳다   baby (동물의) 새끼   weak 약한   give(- gave) 주다   keep -ing(- kept -ing) ~하는 것을 계속하다   move 움직이다   hug(- hugged) 안다, 포옹하다   try(- tried) 시도하다, 해보다 again 다시   bucket 양동이   feel(- felt) 느끼다   great 정말 좋은

Check Up

1 이 글은 어떤 내용의 글인가요?

중심 생각

① 농장에 초대하는 글

② 소에 대해 설명하는 글

③ 농장 체험과 그 느낌을 적은 글

2 글의 'I'가 농장을 방문한 이유는 무엇인가요?

세부 내용

① 우유를 사기 위해서

② 할아버지를 돕기 위해서

③ 갓 태어난 송아지를 보기 위해서

3 글의 'I'가 농장에서 한 일이 <u>아닌</u> 것을 고르세요.

세부 내용

① 송아지 돌보기　　　② 농장 청소하기　　　③ 어미 소 우유 짜기

4 글에 등장하는 단어로 빈칸을 채워 보세요.

중심 생각

Today, I visited my grandfather's _____ⓐ_____ and took care of the
mother _____ⓑ_____.

오늘, 나는 할아버지의 ___ⓐ___ 에 방문해서 어미 ___ⓑ___ 을[를] 돌보았다.

ⓐ : _____　　　　　ⓑ : _____

STEP 2
Build Up
주어진 질문에 알맞은 대답을 연결하세요.

Question | 질문

❶ Where did you go?

❷ Why did you go there?

❸ What did you do there?

Answer | 대답

(A) I took care of the mother cow.

(B) I went to my grandfather's farm.

(C) My grandfather needed my help.

STEP 3
Sum Up
이야기의 순서에 맞게 빈칸에 번호를 쓰세요.

❶ I took care of the mother cow.
I cleaned the farm, too.

❷ I needed milk, but the cow kept moving.

❸ My grandfather took care of the baby cow because it was weak.

❹ I hugged the cow and tried again. I filled a bucket with milk.

[ ] → [ ] → [ ] → [ ]

A 아래 그림에 알맞은 단어를 고르세요.

①

- ☐ food
- ☐ farm

②

- ☐ hug
- ☐ clean

③

- ☐ fill
- ☐ feel

B 주어진 단어의 알맞은 우리말 뜻을 찾아 연결하세요.

① move   •   • 쉬운

② weak   •   • 움직이다

③ bucket   •   • 양동이

④ easy   •   • 약한

C 우리말 해석에 맞도록 <보기>에서 알맞은 단어를 골라 빈칸에 쓰세요.

> 보기   takes care of   clean   visited

① 나는 매일 내 방을 청소한다.

→ I ＿＿＿＿＿＿＿ my room every day.

② 우리는 작년에 베트남을 방문했다.

→ We ＿＿＿＿＿＿＿ Vietnam last year.

③ 그녀는 아픈 동물들을 돌본다.

→ She ＿＿＿＿＿＿＿ sick animals.

02 Charging Bull

Charging Bull is in New York City. Many people **come** to see it every day. It is so big! It weighs about 3,200 kg.

Who **made** the bull? It was Arturo Di Modica. In 1989, he put it outside of a **building**, **under** a Christmas tree. It was a Christmas **gift** to New Yorkers. The city didn't allow it. The police **took** it **away**. But many people wanted it back.

Finally, the city brought it back, but in a new place. It was in a park this time.

● ● **주요 단어와 표현**

New York City 뉴욕 시 *New Yorker 뉴욕 시민   every day 매일   weigh 무게가 ~이다   about 약, 대략   put(- put) 두다, 놓다   outside 밖에, 바깥에   Christmas 크리스마스   city 도시   allow 허락하다   police 경찰   back 다시, 돌아와서   finally 마침내   bring(- brought) 가져오다   place 장소   this time 이번에는

Check Up

1 이 글은 무엇에 대해 설명하는 내용인가요?

중심
생각

① 황소의 크기와 무게

② 뉴욕에 있는 황소 동상

③ 뉴욕의 크리스마스 행사

2 Charging Bull에 대한 설명 중 <u>틀린</u> 것을 고르세요.

세부
내용

① 매일 많은 사람들이 보러 온다.

② 1989년에 처음 설치되었다.

③ 처음 세워진 곳에 다시 설치되었다.

3 Charging Bull에 대해 글에서 알 수 <u>없는</u> 것을 고르세요.

세부
내용

① 무게   ② 제작자   ③ 설치 비용

4 글에 등장하는 단어로 빈칸을 채워 보세요.

세부
내용

Arturo Di Modica _____ⓐ_____ *Charging Bull* under a Christmas tree.
But the police _____ⓑ_____ it away.

Arturo Di Modica는 Charging Bull을 크리스마스트리 아래에 __ⓐ__.
하지만 경찰은 그것을 __ⓑ__.

ⓐ : _____   ⓑ : _____

Build Up

글을 읽고, 빈칸에 <보기>의 단어를 채워 질문과 대답을 완성하세요.

보기	park where made name

What is its **a** _____ ?	It is *Charging Bull*.
Who **b** _____ it?	Arturo Di Modica did.
c _____ is it now?	It was outside of a building. But now, it is in a **d** _____ .

Sum Up

이야기 순서에 맞게 빈칸에 번호를 쓰세요.

①	②	③	④

Charging Bull was outside of a building, under a Christmas tree.	The city put *Charging Bull* in a park.	The police took *Charging Bull* away.	Many people wanted *Charging Bull* back.

☐ → ☐ → ☐ → ☐

Look Up

A 아래 그림에 알맞은 단어를 고르세요.

1

☐ park
☐ building

2

☐ come
☐ make

3

☐ under
☐ outside

B 주어진 단어의 알맞은 우리말 뜻을 찾아 연결하세요.

1 allow ·   · 마침내

2 weigh ·   · 치우다

3 finally ·   · 무게가 ~이다

4 take away ·   · 허락하다

C 우리말 해석에 맞도록 <보기>에서 알맞은 단어를 골라 빈칸에 쓰세요.

> 보기   came   gifts   under

1 내 책상 아래에 가방이 있다.

→ There is a bag _____ my desk.

2 아빠는 어제 집에 늦게 오셨다.

→ My dad _____ home late yesterday.

3 나무 아래 많은 선물들이 있다.

→ There are many _____ under the tree.

Raju and the Farmer

A farmer had a cow. He got lots of milk from the cow. He **sold** the milk and **made money**. But it **became sick** and stopped making milk. He threw out the cow.

Raju found the cow and took it **home**. She took care of it. The cow became better. It made lots of milk again. Raju sold the milk and became rich.

The farmer heard about Raju. He wanted his cow back. He and Raju asked the head of the village. The head said, "The cow will **decide** its owner."

ⓐ The cow went to Raju.

●● **주요 단어와 표현**

farmer 농부　have(- had) 가지다　get(- got) 얻다　lots of 많은　stop -ing(- stopped -ing) ~하는 것을 멈추다
throw out(- threw out) 버리다　better 나은　rich 부유한　hear(- heard) 듣다　ask(- asked) 묻다, 물어보다　head 우
두머리, 책임자　village 마을　say(- said) 말하다　owner 주인, 소유주　go(- went) 가다

Check Up

1

중심
생각

이 글의 알맞은 제목을 고르세요.

① 현명한 촌장

② 소의 진정한 주인

③ 소를 키워 부자가 되는 법

2

세부
내용

글의 내용과 맞는 것에는 ○표, 틀린 것에는 ✕표 하세요.

(a) 소가 아픈 동안 우유가 나오지 않았다. _____

(b) Raju는 데려온 소 덕분에 부자가 되었다. _____

(c) 촌장이 소의 주인을 정해 주었다. _____

3

세부
내용

밑줄 친 ⓐ The cow went to Raju.를 통해 알 수 있는 것을 고르세요.

① 농부가 소의 주인이 되었다.

② Raju가 소의 주인이 되었다.

③ Raju가 소를 선택했다.

4

세부
내용

글에 등장하는 단어로 빈칸을 채워 보세요.

Raju _____ⓐ_____ the sick cow, and the cow _____ⓑ_____ lots of milk.

Raju는 아픈 소를 ___ⓐ___, 그리고 그 소는 많은 우유를 ___ⓑ___.

ⓐ : _____   ⓑ : _____

Build Up   소에 대한 각 등장인물의 생각을 알맞게 연결하세요.

1 The farmer   •

2 Raju   •

3 The head of the village   •

•   (A) "The cow is sick. I will take care of it."

•   (B) "The cow will decide its owner."

•   (C) "The cow is sick. Now it doesn't make milk. I will throw it out."

Sum Up   이야기의 순서에 맞게 빈칸에 번호를 쓰세요.

1  The cow made milk again. Raju sold the milk and became rich.

2  A farmer's cow stopped making milk. The farmer threw it out.

3  The head said, "The cow will decide its owner." The cow went to Raju.

4  The farmer wanted the cow back. He and Raju asked the head of the village.

Look Up

A 아래 그림에 알맞은 단어를 고르세요.

1

- ☐ sell
- ☐ become

2

- ☐ sick
- ☐ rich

3

- ☐ head
- ☐ money

B 주어진 단어의 알맞은 우리말 뜻을 찾아 연결하세요.

1 decide •   • 주인

2 better •   • 결정하다

3 become •   • 나은

4 owner •   • ~해지다

C 우리말 해석에 맞도록 <보기>에서 알맞은 단어를 골라 빈칸에 쓰세요.

> 보기   home   sells   money

1 Mike는 간식을 살 충분한 돈을 가지고 있다.

→ Mike has enough _____ for a snack.

2 이 가게는 신선한 과일을 판다.

→ This store _____ fresh fruit.

3 그 아픈 학생은 일찍 집에 갔다.

→ The sick student went _____ early.

Cows: Giving Animals

These days, many people enjoy eating beef. A long time ago, people didn't eat beef. Cows were very important in their lives. There were some **reasons** for that.

In Rome and India, people linked cows with gods. For farmers, cows were like treasure. Cows **worked** for them. Farmers also got milk from cows. In Asia, people **carried heavy** things on carts. And cows **pulled** the carts. They were really **helpful**.

● ● **주요 단어와 표현**

these days 요즘에는   enjoy -ing ~하는 것을 즐기다   beef 소고기   important 중요한   life 일생, 생애   Rome 로마   India 인도   link A with B(- linked A with B) A를 B와 관련시키다   god 신   like ~와 비슷한   treasure 보물 Asia 아시아   thing 물건, 사물   cart 수레   really 아주, 정말

Check Up

1 이 글은 무엇에 대해 설명하는 내용인가요?

중심
생각

① 다양한 소고기 요리법

② 과거에 소를 중요하게 여긴 이유

③ 각 나라를 상징하는 동물

2 글의 내용과 맞는 것에는 ○표, 틀린 것에는 ✕표 하세요.

세부
내용

(a) 오래 전부터 사람들은 소고기를 즐겨 먹었다. ＿＿＿＿

(b) 로마와 인도 사람들은 소를 신과 관련시켰다. ＿＿＿＿

(c) 농부들에게 소는 보물과도 같았다. ＿＿＿＿

3 소가 하는 일에 대해 글에 없는 내용을 고르세요.

세부
내용

① 우유 제공하기　　　② 잡초 제거하기　　　③ 수레 끌기

4 글에 등장하는 단어로 빈칸을 채워 보세요.

중심
생각

Cows were very ＿＿＿ⓐ＿＿＿, and there were some ＿＿＿ⓑ＿＿＿
for this.

소는 매우 ＿＿ⓐ＿＿, 그리고 이것에는 몇 가지 ＿＿ⓑ＿＿ 이[가] 있었다.

ⓐ : ＿＿＿＿＿＿　　　　　　ⓑ : ＿＿＿＿＿＿

STEP 2

Build Up 주어진 글을 알맞게 연결하여 문장을 완성하세요.

❶ In Rome and India,

❷ For farmers,

❸ In Asia,

(A) cows pulled heavy carts.

(B) cows were like treasure because they worked for them.

(C) people linked cows with gods.

STEP 3

Sum Up 빈칸에 알맞은 단어를 <보기>에서 찾아 쓰세요.

보기	heavy	worked	gods	important

　　These days, many people enjoy eating beef. But a long time ago, people didn't eat beef. Cows were ⓐ＿＿＿＿＿ in their lives. In some countries, people linked cows with ⓑ＿＿＿＿＿. Also, cows ⓒ＿＿＿＿＿ for people and pulled ⓓ＿＿＿＿＿ carts for them. They were very helpful.

Look Up

A 아래 그림에 알맞은 단어를 고르세요.

1

☐ carry
☐ enjoy

2

☐ helpful
☐ heavy

3

☐ pull
☐ work

B 주어진 단어의 알맞은 우리말 뜻을 찾아 연결하세요.

1 reason •

2 link A with B •

3 important •

4 treasure •

• A를 B와 관련시키다

• 보물

• 이유

• 중요한

C 우리말 해석에 맞도록 <보기>에서 알맞은 단어를 골라 빈칸에 쓰세요.

> 보기   works   carry   helpful

1 아빠는 매우 열심히 일하신다.

→ My dad _____ very hard.

2 이 책은 학생들에게 도움이 된다.

→ This book is _____ for students.

3 저를 위해 이 가방을 좀 들어주실래요?

→ Can you _____ this bag for me?

The Sun

LITERATURE 01

Māui는 태평양 섬 원주민들의 신화나 전설에 자주 등장해요. 인간을 위해 이로운 일을 많이 해서 다양한 이야기가 여러 곳에 전해진답니다.

Māui vs. the Sun God

travel (- traveled)	통 1 이동하다 2 여행하다
fast	부 빠르게, 빨리
short	형 (시간·길이가) 짧은
near	전 ~에 가까이
catch (- caught)	통 잡다, 붙잡다
hit (- hit)	통 때리다, 치다
future	명 미래 *in the future 앞으로는, 미래에는

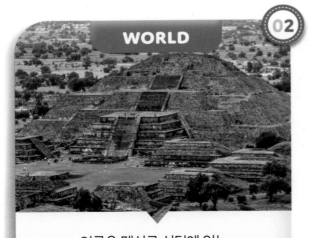

WORLD 02

이곳은 멕시코 시티에 있는 아메리카 대륙에서 가장 큰 고대 유적지예요. 200-750년에 번성했던 이 고대 도시에 대해 알아보아요.

Teotihuacán

build (- built)	통 짓다, 세우다
leave (- left)	통 떠나다, 출발하다
call (- called)	통 이름 짓다 *call A B A를 B라고 이름 짓다
surprised	형 놀란
so	부 너무, 대단히
size	명 크기, 규모

MYTH ③

옛날 사람들은 오로라에 대해 잘 알지
못했어요. 그래서 오로라가 어떻게
생기는지에 관한 다양한 이야기들이
전해져 내려왔답니다.

Fox Fire

different	형 다른
run (- ran)	동 달리다
tail	명 (동물의) 꼬리
lift (- lifted)	동 들어올리다, 올리다 *lift up 위로 들어올리다
go into (- went into)	~에 들어가다
create (- created)	동 만들어 내다

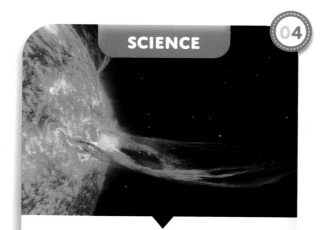

SCIENCE ④

'우주 날씨'에 대해 들어본 적이 있나요?
그것은 태양으로부터 만들어진답니다.
우주의 날씨를 알면 지구의 날씨를
예측할 수 있어요.

How's the Weather?

weather	명 날씨
rain (- rained)	동 비가 오다
calm	형 (날씨 등이) 고요한, 잔잔한
worry (- worried)	동 걱정하다 *worry about ~에 대해 걱정하다
strong	형 1 강한, 거센 2 튼튼한, 힘센
dangerous	형 위험한

Māui vs. the Sun God

In the old days, the Sun God **traveled fast**. Daytime was very **short**. People couldn't grow much food.

A *demi-god, Māui, wanted to help people. He went to the Sun God with his magic bone and rope. The Sun God slept in a hole at night. Māui made a trap **near** the hole with his rope.

When the Sun God came outside, the trap **caught** him. Māui **hit** the Sun God with his magic bone. The Sun God promised to slow down **in the future**. From then, daytime became long enough.

*demi-god 반신반인 ((신과 인간 사이에서 태어난 존재))

●● **주요 단어와 표현**

daytime 낮   grow 재배하다, 기르다   want to(- wanted to) ~하기를 원하다   go(- went) 가다   magic 마법의   bone 뼈
rope 밧줄   sleep(- slept) 자다   hole 구덩이, 구멍   trap 덫, 함정   outside 밖으로   promise to(- promised to)
~하기를 약속하다   slow down (속도를) 늦추다   then 그때; 그러면   enough ~할 만큼 (충분히)

1 이 글의 알맞은 제목을 고르세요.

중심
생각

① 발 빠른 태양의 신

② Māui의 마법의 뼈와 밧줄

③ 태양의 신을 느리게 한 Māui

2 글의 내용과 맞는 것에는 ○표, 틀린 것에는 ✕표 하세요.

세부
내용

(a) 태양의 신이 빠르게 이동해서 낮이 짧았다. _____

(b) Māui는 밤에 구덩이 안에서 잤다. _____

(c) 태양의 신은 Māui와의 약속을 어겼다. _____

3 글에서 Māui가 한 일이 <u>아닌</u> 것을 고르세요.

세부
내용

① 덫 설치하기   ② 태양의 신을 때리기   ③ 이동 속도를 늦추기

4 글에 등장하는 단어로 빈칸을 채워 보세요.

세부
내용

Māui made a trap _____ⓐ_____ the hole. Later, the trap _____ⓑ_____ the Sun God.

Māui는 구덩이에 ___ⓐ___ 덫을 만들었다. 나중에, 그 덫은 태양의 신을 ___ⓑ___.

ⓐ : _____   ⓑ : _____

STEP 2 Build Up

태양신과 Māui를 각각 설명하는 내용으로 알맞은 것을 연결하세요.

① The Sun God

② Māui

(A) was a demi-god.

(B) traveled fast.

(C) had a magic bone and rope.

(D) wanted to help people.

(E) slept in a hole at night.

STEP 3 Sum Up

이야기의 순서에 맞게 빈칸에 번호를 쓰세요.

① Māui hit the Sun God with his magic bone. The Sun God promised to slow down.

② Daytime was very short. People couldn't grow much food.

③ Māui went to the Sun God with his magic bone and rope.

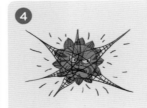

④ Māui made a trap with his rope and caught the Sun God.

2 → ☐ → ☐ → ☐

A 아래 그림에 알맞은 단어를 고르세요.

❶
☐ bone
☐ rope

❷
☐ hole
☐ trap

❸
☐ catch
☐ promise

B 주어진 단어의 알맞은 우리말 뜻을 찾아 연결하세요.

❶ near ·

❷ future ·

❸ fast ·

❹ travel ·

· 이동하다 ; 여행하다

· ~에 가까이

· 빠르게

· 미래

C 우리말 해석에 맞도록 <보기>에서 알맞은 단어를 골라 빈칸에 쓰세요.

| 보기 | caught   short   hit |

❶ 그 야구 선수는 공을 쳤다.

→ The baseball player _____ the ball.

❷ 그는 강에서 물고기를 잡았다.

→ He _____ fish in the river.

❸ 나는 짧은 여행을 떠날 것이다.

→ I will go on a _____ trip.

Teotihuacán

*Teotihuacán is a very old city in Mexico. Long ago, people **built** pyramids in the city. But in the 700s, a fire destroyed everything. Everyone **left** the city.

After centuries, the **Aztecs found the city. They **called** the city "Teotihuacán." It means "the city of the gods." They also found a pyramid. They called it "the Pyramid of the Sun."

Today, many tourists visit the pyramid. People are **surprised** because it is **so** big. It's about 7 times the **size** of a stadium!

*Teotihuacán 테오티와칸 **Aztec 아즈텍 족 ((멕시코 원주민))

● ● 주요 단어와 표현

city 도시   pyramid 피라미드   destroy(- destroyed) 파괴하다   everything 모든 것   everyone 모두, 모든 사람
century 100년, 세기   find(- found) 찾다, 발견하다   mean ~라는 의미이다   also 또한   tourist 관광객   visit 방문하다
about 약, 대략   times ~배   stadium 경기장

Check Up

1 이 글은 무엇에 대해 설명하는 글인가요?

중심
생각

> 고대 도시 테오티와칸의[과] _____

① 전설　　　　　　　② 피라미드　　　　　　　③ 다양한 별칭

2 테오티와칸에 대해 글의 내용과 맞는 것에는 ○표, **틀린** 것에는 ✕표 하세요.

세부
내용

(a) 아즈텍 족이 세운 멕시코의 고대 도시이다.　　　　　　_____

(b) 700년대에 화재로 도시의 모든 것이 파괴되었다.　　　_____

(c) '신들의 도시'라는 의미이다.　　　　　　　　　　　_____

3 글을 읽고 대답할 수 있는 질문을 고르세요.

세부
내용

① 태양의 피라미드는 몇 년도에 세워졌나요?

② 하루에 몇 명의 관광객이 태양의 피라미드를 방문하나요?

③ 태양의 피라미드는 얼마나 큰가요?

4 글에 등장하는 단어로 빈칸을 채워 보세요.

세부
내용

> In Mexico, the Aztecs found a very old ____ⓐ____ and a ____ⓑ____.
> 멕시코에서, 아즈텍 족은 매우 오래된 __ⓐ__ 와[과] __ⓑ__ 을[를] 발견했다.

ⓐ : _____　　　　　　ⓑ : _____

Build Up   주어진 질문에 알맞은 대답을 연결하세요.

Question | 질문

1. Who found Teotihuacán?

2. What is the name of the pyramid in Teotihuacán?

3. How big is the pyramid?

Answer | 대답

(A) It is about 7 times the size of a stadium.

(B) The Aztecs found the city.

(C) The Aztecs called it "the Pyramid of the Sun."

STEP 3

Sum Up   빈칸에 알맞은 단어를 <보기>에서 찾아 쓰세요.

보기   visit   found   built   everything

History of Teotihuacán

Long ago,   people ⓐ _____ pyramids in the city.

In the 700s,   a fire destroyed ⓑ _____, and everyone left the city.

After centuries,   the Aztecs ⓒ _____ the city. They called the city "Teotihuacán."

Today,   it's in Mexico, and many tourists ⓓ _____ the pyramid.

A 아래 그림에 알맞은 단어를 고르세요.

①

☐ build
☐ visit

②

☐ pyramid
☐ stadium

③

☐ size
☐ tourist

B 주어진 단어의 알맞은 우리말 뜻을 찾아 연결하세요.

① surprised ·　　　　　　　· ~라는 의미이다

② century ·　　　　　　　· 너무

③ mean ·　　　　　　　· 100년, 세기

④ so ·　　　　　　　· 놀란

C 우리말 해석에 맞도록 <보기>에서 알맞은 단어를 골라 빈칸에 쓰세요.

> 보기　　　　　　　built　　left　　called

① 나는 나의 개를 Happy라고 이름 지었다.

→ I 　　　　　　 my dog Happy.

② 아빠가 이 집을 지으셨다.

→ My father 　　　　　　 this house.

③ Chris는 자신의 코트를 들고 방을 떠났다.

→ Chris 　　　　　　 the room with his coat.

Fox Fire

Aurora has another name in Finland. It's "fox fire." In old stories, fire foxes made fox fires. There are two **different** stories about them.

In one story, fire foxes **run** through the sky. They run fast. Their **tails** brush the mountains. It makes sparks, and those sparks light up the sky.

In the other story, the fire foxes run in the snow. But their tails **lift up** snowflakes. The snowflakes **go into** the sky. They catch the moonlight and **create** auroras.

● ● **주요 단어와 표현**

aurora 오로라　another 또 하나의　Finland 핀란드　through ~을 지나서, ~을 통하여　brush 스치다　mountain 산
spark 불꽃　light up 환하게 만들다　the other (둘 중) 다른 하나　snowflake 눈송이　catch (빛을) 받다　moonlight
달빛

Check Up

정답과 해설 p.35

1 이 글은 무엇에 대해 설명하는 내용인가요?

중심
생각

① 오로라에 관한 전설

② 오로라의 여러 가지 이름

③ 여우 불이 핀란드를 상징하는 이유

2 글의 내용과 맞는 것에는 ○표, **틀린** 것에는 ✕표 하세요.

세부
내용

(a) 다른 나라에서도 오로라를 '여우 불'이라 부른다.   _____

(b) 옛날이야기에 따르면, 불여우가 오로라를 만든다.   _____

(c) 불여우는 자신의 앞발로 눈송이를 위로 들어올린다.   _____

3 오로라가 생기는 것과 관련이 **없는** 것을 고르세요.

세부
내용

① 여우 꼬리   ② 불꽃   ③ 눈사람

4 글에 등장하는 단어로 빈칸을 채워 보세요.

중심
생각

There are two different _____ ⓐ _____ about _____ ⓑ _____ fires.

_____ⓑ_____ 불에 대해 두 개의 다른 __ⓐ__ 이[가] 있다.

ⓐ : _____   ⓑ : _____

Build Up 글을 읽고, 빈칸에 <보기>의 단어를 채워 오로라에 대한 이야기를 완성하세요.

보기	lift up	makes	mountains	catch

	Character 등장인물	**Settings** 배경	**How** 오로라가 생기는 과정
Story 1	Fire foxes	in the sky	• Their tails brush the ⓐ _____. • It ⓑ _____ sparks, and those sparks light up the sky.
Story 2	Fire foxes	in the snow	• Their tails ⓒ _____ snowflakes. • The snowflakes go into the sky and ⓓ _____ the moonlight.

 Sum Up 빈칸에 알맞은 단어를 <보기>에서 찾아 쓰세요.

보기	snowflakes	different	brush	foxes

In Finland, aurora has another name. It's "fox fire." In old stories, fox fires happened because of fire ⓐ _____. But the stories are ⓑ _____. In one story, fire foxes ⓒ _____ the mountains with their tails. In another story, fire foxes run in the snow, and their tails lift up ⓓ _____.

Look Up

A 아래 그림에 알맞은 단어를 고르세요.

①

☐ run
☐ brush

②

☐ tail
☐ spark

③

☐ moonlight
☐ snowflake

B 주어진 단어의 알맞은 우리말 뜻을 찾아 연결하세요.

① light up ·   · ~에 들어가다

② mountain ·   · 환하게 만들다

③ through ·   · 산

④ go into ·   · ~을 지나서

C 우리말 해석에 맞도록 <보기>에서 알맞은 단어를 골라 빈칸에 쓰세요.

> 보기   lift   different   create

① 과학자들은 연구하고 새로운 약을 만들어 낸다.

→ Scientists study and _____ new medicines.

② Susie는 오늘 달라 보인다.

→ Susie looks _____ today.

③ 나는 그 상자를 들어올릴 수 없다.

→ I can't _____ the box.

How's the Weather?

We have **weather** on Earth. How about in space? Is it windy in space? Does it **rain** in space? Yes, space has weather, too!

Most space weather is very **calm**. Nothing much happens on Earth. So don't **worry about** space weather.

But sometimes the Sun creates a very **strong** wind. A solar storm can happen. It can break *satellites in space. Then everything on Earth will stop. There will be no power or Internet.

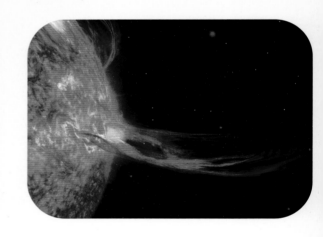

Solar storms are also **dangerous** for the astronauts in space.

*satellite 인공위성

●● **주요 단어와 표현**

Earth 지구 space 우주 windy 바람이 많이 부는 *wind 바람 most 대부분의 nothing much 별 일 ~ 아니다
happen 일어나다 sometimes 때때로, 가끔 solar storm 태양 폭풍 break 고장 내다, 부수다 power 전기, 전력
Internet 인터넷 astronaut 우주비행사

Check Up

정답과 해설 p.37

1 이 글은 무엇에 대해 설명하는 내용인가요?

중심
생각

> 우주 날씨의 _____

① 종류 　　　　　② 특징 　　　　　③ 변화

2 글의 내용과 맞는 것에는 ○표, 틀린 것에는 ✕표 하세요.

세부
내용

(a) 우주 날씨는 지구에 많은 영향을 준다. 　　　_____

(b) 태양은 때때로 매우 강한 바람을 만든다. 　　　_____

(c) 태양 폭풍은 우주비행사에게 위험하지 않다. 　　　_____

3 글을 통해 알 수 있는 내용을 고르세요.

세부
내용

① 지구 날씨의 특징 　　　② 태양 폭풍의 영향 　　　③ 우주비행사의 역할

4 글에 등장하는 단어로 빈칸을 채워 보세요.

세부
내용

> Space has _____ⓐ_____ , and most space weather is very _____ⓑ_____ .
> 우주에는 ____ⓐ____ 이[가] 있으며, 대부분의 우주 날씨는 매우 ____ⓑ____ .

ⓐ : _____ 　　　　　ⓑ : _____

Ch4 The Sun 　**81**

Build Up 빈칸에 알맞은 단어를 <보기>에서 찾아 쓰고, 태양 폭풍의 영향을 순서에 맞게 번호를 쓰세요.

보기　　　　　　　　stops　　creates　　breaks　　power

①

The Sun

a _____

a very strong wind.
A solar storm
happens.

②

Everything

b _____

on Earth. There is no

c _____

or Internet.

③

The storm

d _____

satellites in space.

[　　] → [　　] → [　　]

 Sum Up 빈칸에 알맞은 단어를 <보기>에서 찾아 쓰세요.

보기　　　　happens　　everything　　dangerous　　calm

Most space weather is very　a _____ , and nothing much

happens on Earth. But sometimes a solar storm　b _____ . It can

break satellites in space.　c _____ on Earth will stop. Solar

storms are also　d _____ for the astronauts in space.

Look Up

A 아래 그림에 알맞은 단어를 고르세요.

1

☐ power
☐ weather

2

☐ break
☐ worry

3

☐ calm
☐ strong

B 주어진 단어의 알맞은 우리말 뜻을 찾아 연결하세요.

1 happen ·

2 rain ·

3 dangerous ·

4 astronaut ·

· 비가 오다

· 위험한

· 일어나다

· 우주비행사

C 우리말 해석에 맞도록 <보기>에서 알맞은 단어를 골라 빈칸에 쓰세요.

보기	weather worry strong

1 오늘 밤은 바람이 매우 강하다.

→ The wind is very _____ tonight.

2 오늘은 날씨가 화창하다.

→ The _____ is sunny today.

3 걱정하지 마. 넌 괜찮을 거야.

→ Don't _____ . You will be fine.

5 Slowness

LITERATURE

모든 것을 빨리 하는 Alice와 모든 것을 천천히 하는 그녀의 반려동물 이야기예요.

01 My Special Pet

everything	때 모든 것, 모두
walk (- walked)	동 걷다, 걸어가다 명 산책 *take A for a walk A를 산책하러 데리고 가다
pet	명 반려동물, 애완동물
slowly	부 천천히, 느리게
slow	형 느린, 천천히 움직이는
wait for (- waited for)	~을 기다리다
smell (- smelled)	동 냄새를 맡다, 향을 맡다

ANIMALS 02

느린 동물로 잘 알려진 나무늘보는 열대우림 지역에서 살아요. 나무늘보의 후각은 잘 발달했지만, 청각이 그에 비해 둔하답니다.

Slow Sloth

sleep (- slept)	동 (잠을) 자다
once	부 한 번
move (- moved)	동 1 이동하다 2 움직이다
step	명 걸음, 발걸음
sometimes	부 때때로, 가끔
protect (- protected)	동 보호하다, 지키다

LITERATURE 03

'급할수록 돌아가라'라는 말을 들어본 적 있나요? 서둘러서 시간을 번다 하더라도 제대로 일이 진행되지 않으면 그만큼 시간을 더 낭비한다는 의미예요.

A Young Man and Apples

basket	명 바구니
get (- got)	동 (장소·위치에) 도착하다, 이르다
answer (- answered)	동 대답하다 명 대답
fall (- fell)	동 떨어지다, 빠지다
pick up (- picked up)	~을 줍다
late	형 늦은, 지각한

LIFESTYLE 04

빠름보다는 느림을 받아들이고, 자연의 속도에 맞춰서 사는 생활 방식을 선택하는 사람들이 점점 많아지고 있어요.

A Slow Life

busy	형 바쁜, 분주한
always	부 항상, 언제나
spend (- spent)	동 (시간을) 보내다
nature	명 자연
thing	명 1 (사실·행동 등) 것, 일 2 물건, 사물
happiness	명 행복, 만족, 기쁨

My Special Pet

Alice did **everything** fast. She ate fast and **walked** fast. But her **pet** sloth was different. The sloth did everything **slowly**.

One evening, she took the sloth for a **walk**. The sloth was so **slow**. Alice **waited for** the sloth. Then she saw her neighbors. She said hi and talked to them. After that, she **smelled** flowers. She also looked at the stars in the sky. Alice enjoyed doing things slowly.

●● **주요 단어와 표현**

special 특별한   do(- did) 하다   fast 빨리, 빠르게   eat(- ate) 먹다   sloth 나무늘보   different 다른   one evening 어느 날 저녁   so 너무   see(- saw) 보다   neighbor 이웃   say hi(- said hi) 인사하다   talk(- talked) 말하다, 이야기하다 also 또한   look at(- looked at) ~을 보다   enjoy -ing(- enjoyed -ing) ~하는 것을 즐기다   thing (행동 등을 가리키는) 것, 일

Check Up

1 이 글의 알맞은 제목을 고르세요.

중심
생각

① 느림에서 얻는 행복

② 반려동물과 함께하는 여행

③ 게으른 반려동물 길들이기

2 Alice에 대해 글의 내용과 맞는 것에는 ○표, 틀린 것에는 ✕표 하세요.

세부
내용

(a) 모든 것을 빨리 했다.   _____

(b) 어느 날 아침에 반려동물을 산책하러 데리고 갔다.   _____

(c) 산책할 때 하늘에서 새를 보았다.   _____

3 Alice의 반려동물에 대해 글에서 알 수 <u>없는</u> 것을 고르세요.

세부
내용

① 종류   ② 특징   ③ 이름

4 글에 등장하는 단어로 빈칸을 채워 보세요.

중심
생각

Alice _____ⓐ_____ for the sloth and enjoyed doing things
_____ⓑ_____ .

Alice는 나무늘보를 __ⓐ__ 그리고 __ⓑ__ 하는 것을 즐겼다.

ⓐ : _____   ⓑ : _____

Build Up

글을 읽고, 빈칸에 <보기>의 단어를 채워 Alice가 산책하러 나가서 한 일을 완성하세요.

보기	said hi waited for walk looked at

Alice took the sloth for a **a** _____.

She **b** _____ the sloth because it was so slow.

She saw her neighbors and **c** _____ to them.

She **d** _____ the stars in the sky.

Sum Up

빈칸에 알맞은 단어를 <보기>에서 찾아 쓰세요.

보기	enjoyed walk smelled fast slowly

Alice did everything **a** _____. But her pet sloth did everything **b** _____. Alice took the sloth for a **c** _____. She saw her neighbors and talked to them. After that, she **d** _____ the flowers and looked at the stars. Alice **e** _____ doing things slowly like her pet.

Look Up

A 아래 그림에 알맞은 단어를 고르세요.

❶

☐ pet
☐ star

❷

☐ smell
☐ eat

❸

☐ look at
☐ wait for

B 주어진 단어의 알맞은 우리말 뜻을 찾아 연결하세요.

❶ slow   ·   · 다른

❷ different ·   · 모든 것

❸ neighbor ·   · 느린

❹ everything ·   · 이웃

C 우리말 해석에 맞도록 <보기>에서 알맞은 단어를 골라 빈칸에 쓰세요.

> **보기**   smelled   slowly   walk

❶ 그는 자신의 개를 산책하러 데리고 갔다.

→ He took his dog for a _____ .

❷ 그녀는 장미 향기를 맡았다.

→ She _____ the roses.

❸ 내 남동생은 매우 천천히 먹는다.

→ My brother eats very _____ .

02 Slow Sloth

The sloth is one of the slowest animals in the world. They eat leaves and **sleep** for 20 hours a day in trees. They only come down from the trees when they go to the bathroom **once** a week.

Sloths **move** about 35 meters a day. That's about 45 **steps** of a human. **Sometimes** their slowness **protects** them. Because they don't move much, *algae grows on them. They look like part of a tree, and their enemies sometimes miss them.

*algae 녹조류 ((녹색을 띠는 조류))

● ● **주요 단어와 표현**

the slowest 가장 느린 *slowness 느림   world 세계   leaf 나뭇잎   for ~ 동안   hour 시간   come down 내려오다
go to the bathroom 용변을 보다, 화장실에 가다   week 주, 일주일   about 약, 대략   human 사람, 인간   much 많이
grow 자라다   look like ~처럼 보이다   part of ~의 일부   enemy 적   miss 놓치다

Check Up

1 이 글은 무엇에 대해 설명하는 내용인가요?

중심
생각

① 느림의 중요성　　　　② 야생동물 보호　　　　③ 나무늘보의 특징

2 나무늘보에 대해 글의 내용과 맞는 것에는 ○표, 틀린 것에는 ×표 하세요.

세부
내용

(a) 하루에 20시간을 잔다.　　　　　　　　　　　　　　　　　　＿＿＿＿＿

(b) 하루에 약 45미터를 이동한다.　　　　　　　　　　　　　　＿＿＿＿＿

(c) 녹조류가 몸에 자라기 때문에, 나무의 일부처럼 보인다.　　＿＿＿＿＿

3 나무늘보가 나무에서 하는 일이 <u>아닌</u> 것을 고르세요.

세부
내용

① 나뭇잎 먹기　　　　② 잠자기　　　　③ 용변 보기

4 글에 등장하는 단어로 빈칸을 채워 보세요.

세부
내용

Sloths don't ＿＿ⓐ＿＿ much, and sometimes their slowness
＿＿ⓑ＿＿ them.

나무늘보는 많이 ＿ⓐ＿ 않으며, 때때로 그들의 느림이 그들을 ＿ⓑ＿.

ⓐ : ＿＿＿＿＿＿＿　　　　　　　　ⓑ : ＿＿＿＿＿＿＿

Build Up   문장에 알맞은 단어를 골라 나무늘보에 대한 설명을 완성하세요.

– ⓐ (eat / sleep) for 20 hours a day.

– move about 35 meters ⓑ (a day / a week).

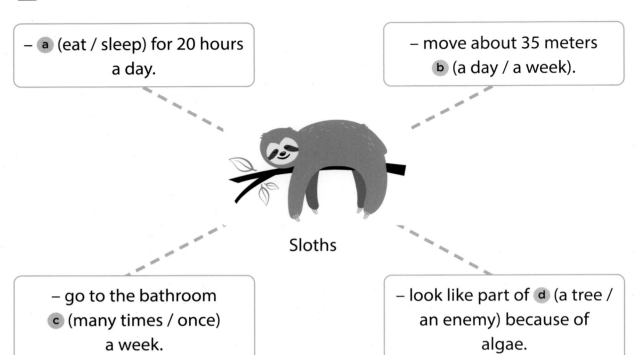

Sloths

– go to the bathroom ⓒ (many times / once) a week.

– look like part of ⓓ (a tree / an enemy) because of algae.

Sum Up   빈칸에 알맞은 단어를 <보기>에서 찾아 쓰세요.

보기   tree   sloth   down   slowness   slowest

Hello. I am a ⓐ _____ . I am one of the ⓑ _____
animals in the world. But my ⓒ _____ sometimes protects me.
I spend most of the day in a ⓓ _____ . I eat and sleep there. I only
come ⓔ _____ when I go to the bathroom.

Look Up

A 아래 그림에 알맞은 단어를 고르세요.

1

- ☐ leaf
- ☐ hour

2

- ☐ step
- ☐ enemy

3

- ☐ protect
- ☐ come down

B 주어진 단어의 알맞은 우리말 뜻을 찾아 연결하세요.

1 move •   • 사람

2 human •   • 느림

3 sleep •   • 이동하다; 움직이다

4 slowness •   • (잠을) 자다

C 우리말 해석에 맞도록 <보기>에서 알맞은 단어를 골라 빈칸에 쓰세요.

> **보기**   once   protects   sometimes

1 나는 때때로 버스를 탄다.

→ I _____ take the bus.

2 그녀는 일주일에 한 번 피자를 먹는다.

→ She eats pizza _____ a week.

3 안전벨트는 운전자를 보호한다.

→ A seat belt _____ the driver.

03 A Young Man and Apples

A young man had a **basket** of apples. He met an old man and asked, "How can I **get** home fast?" The old man **answered**, "Don't run. Walk home. It'll be faster."

The young man didn't understand his **answer**. He started to run with the basket. But the apples kept **falling** out of the basket. He stopped and **picked up** the apples. Then he ran again. The apples fell again. He repeated this many times. Finally, he got home. But it was very **late**.

● ● **주요 단어와 표현**

young(↔ old) 젊은(↔ 늙은)　meet(- met) 만나다　ask(- asked) 묻다　run(- ran) 뛰다, 달리다　understand 이해하다
keep -ing(- kept -ing) ~을 계속하다　out of ~의 밖으로　stop(- stopped) 멈추다, 서다　again 다시　repeat
(- repeated) 반복하다　many times 여러 번　finally 마침내, 결국

1 이 글을 읽고 떠오르는 속담은 무엇인가요?

중심
생각

① 고생 끝에 낙이 온다.

② 아는 길도 물어 가라.

③ 급히 먹는 밥이 목이 멘다.

2 글의 내용과 맞는 것에는 O표, 틀린 것에는 X표 하세요.

세부
내용

(a) 젊은이는 사과 한 바구니를 들고 있었다. _____

(b) 노인은 젊은이가 집에 빨리 갈 수 있는 방법을 몰랐다. _____

(c) 젊은이는 걸어서 집에 갔다. _____

3 젊은이가 집에 늦게 도착한 이유는 무엇인가요?

세부
내용

① 뛰지 않고 천천히 걸어서

② 달리다 멈추기를 여러 번 반복해서

③ 길 가다가 노인을 도와줘서

4 글에 등장하는 단어로 빈칸을 채워 보세요.

중심
생각

The young man didn't understand the old man's _____ⓐ_____.

He ran and _____ⓑ_____ home when it was late at night.

젊은이는 노인의 __ⓐ__ 을[를] 이해하지 못했다. 그는 달렸고 밤늦었을 때 집에 __ⓑ__.

ⓐ : _____ ⓑ : _____

STEP 2 Build Up

그림에 알맞은 문장을 연결하세요.

① The young man got home.

② The old man said,

③ The young man ran with the basket.

(A) "Don't run. Walk home. It'll be faster."

(B) The apples kept falling out of the basket.

(C) But it was very late.

STEP 3 Sum Up

빈칸에 알맞은 단어를 <보기>에서 찾아 쓰세요.

보기   walk   late   picked up   fast

A young man wanted to get home ⓐ_____. An old man said, "ⓑ_____ home. It'll be faster." But the young man didn't listen to the old man. He ran, and the apples fell out of the basket. He stopped and ⓒ_____ the apples many times. Finally, he got home when it was ⓓ_____ at night.

Look Up

A 아래 그림에 알맞은 단어를 고르세요.

①
- ☐ basket
- ☐ answer

②
- ☐ meet
- ☐ pick up

③
- ☐ fall
- ☐ understand

B 주어진 단어의 알맞은 우리말 뜻을 찾아 연결하세요.

① again •   • 도착하다

② get •   • 마침내

③ young •   • 다시

④ finally •   • 젊은

C 우리말 해석에 맞도록 <보기>에서 알맞은 단어를 골라 빈칸에 쓰세요.

> 보기   answer   fell   late

① 그 지갑은 가방 밖으로 떨어졌다.
→ The wallet _____ out of the bag.

② 그는 내 질문에 대답할 수 없었다.
→ He couldn't _____ my question.

③ Donna에게 전화하지마. 너무 늦었어.
→ Don't call Donna. It's very _____ .

04 A Slow Life

Today, everyone is **busy**. Some people **always** say "Faster, faster!" They don't enjoy their lives. Sometimes they miss important things.

So, some people choose *slow living. What is slow living? Do they do everything slowly? No, they don't. They **spend** more time with their families and friends. They also spend more time in **nature**. They enjoy taking a walk. Such **things** are small. But slow living brings **happiness** to them.

*slow living 슬로 리빙 ((느리게 살며 진정한 행복을 추구하는 생활 방식))

● ● 주요 단어와 표현

life 삶   today 오늘날에   everyone 모두, 모든 사람   some 어떤, 일부의   important 중요한   choose 선택하다
more 더 많은   take a walk 산책하다   such 그러한   small 사소한, 작은   bring A to B B에게 A를 가져오다

Check Up

1 이 글은 어떤 내용의 글인가요?

중심
생각

① 바쁜 사람들을 위로하는 글

② 가족에게 안부를 전하는 글

③ 슬로 리빙을 설명하는 글

2 글의 내용과 맞는 것에는 ○표, 틀린 것에는 ✕표 하세요.

세부
내용

(a) 요즘 사람들은 바빠서 중요한 것을 가끔씩 놓친다. _____

(b) 슬로 리빙을 선택한 사람들은 모든 것을 천천히 한다. _____

(c) 가족과 더 많은 시간을 보내는 것도 슬로 리빙이다. _____

3 글에 등장하는 단어로 빈칸을 채워 보세요.

중심
생각

> Some people _____ ⓐ _____ slow living because it brings _____ ⓑ _____ to them.
>
> 어떤 사람들은 슬로 리빙이 그들에게 ___ ⓑ ___ 을[를] 가져다주기 때문에 그것을 ___ ⓐ ___ .

ⓐ : _____   ⓑ : _____

4 다음 중 슬로 리빙을 하는 사람을 고르세요.

내용
적용

① 수영: 우리 가족은 다 바빠서 뭐든지 서둘러.

② 영호: 나는 매일 밤 숙제하고 나서 혼자 **TV**를 시청해.

③ 지혜: 나는 매일 가족과 함께 저녁을 먹고 산책해.

Build Up

글을 읽고, 빈칸에 <보기>의 단어를 채워 슬로 리빙의 특징을 완성하세요.

보기	friends enjoy nature with

Slow Living

- Spend more time ⓐ _____ family and ⓑ _____.

- Spend more time in ⓒ _____.

- ⓓ _____ taking a walk.

Sum Up

빈칸에 알맞은 단어를 <보기>에서 찾아 쓰세요.

보기	happy sky spend walk

When I came home from school, my dad was home. I was surprised. He said, "I want to ⓐ _____ more time with you." So we made dinner together. At dinner, we talked about many things. Also, we took a ⓑ _____. We watched the stars in the ⓒ _____. I felt so ⓓ _____ with my dad.

Look Up

A 아래 그림에 알맞은 단어를 고르세요.

❶

- ☐ busy
- ☐ small

❷

- ☐ life
- ☐ everyone

❸

- ☐ walk
- ☐ nature

B 주어진 단어의 알맞은 우리말 뜻을 찾아 연결하세요.

❶ choose •　　　　　　• 그러한

❷ important •　　　　　　• (사실, 행동 등) 것, 일

❸ thing •　　　　　　• 선택하다

❹ such •　　　　　　• 중요한

C 우리말 해석에 맞도록 <보기>에서 알맞은 단어를 골라 빈칸에 쓰세요.

> 보기　　　　　　always　busy　spend

❶ 나는 바쁘지 않을 때, 나의 개를 산책하러 데리고 간다.

→ When I am not _____ , I take my dog for a walk.

❷ 그는 늘 책을 읽는다.

→ He _____ reads books.

❸ 나는 주말에 내 가족과 시간을 보내.

→ I _____ time with my family on weekends.

MEMO

MEMO

왓츠 Grammar

왓츠그래머 시리즈로 영문법의 기초를 다져보세요!

1 초등 교과 과정에서 필수인 문법 사항 총망라
2 세심한 난이도 조정으로 학습 부담은 DOWN
3 중, 고등 문법을 대비하여 탄탄히 쌓는 기초

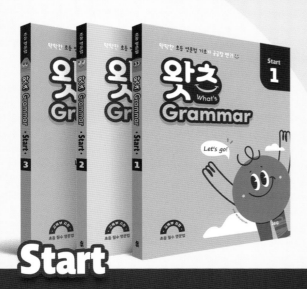

Start

아이들이 영문법을 처음 접한다면?

초등 저학년을 위한 기초 문법서

+Plus

기초 문법 개념을 한 바퀴 돌렸다면?

초등 고학년을 위한 기초 & 심화 문법서

초등학생을 위한 필수 기초 & 심화 문법

1

초등 기초 & 심화 문법
완성을 위한 3단계 구성

2

누적·반복 학습이 가능한
나선형 커리큘럼

3

쉽게 세분화된 문법 항목과
세심하게 조정된 난이도

4

유닛별 누적 리뷰 테스트와
파이널 테스트 2회분 수록

5

워크북과 단어쓰기
연습지로 완벽하게 복습

쎄듀북닷컴(www.cedubook.com)에서 부가 자료를 무료로 다운로드할 수 있습니다.

쎄듀

천일문·어법끝 온라인 복습테스트를 찾는다면?

 쎄듀런 OPEN

쎄듀가 직접 제작한 온라인 학습 콘텐츠와 선생님 인강이 합쳐져
학습은 더 쉽게, 실력은 더 높게!

9만 5천
문법·서술형
문항

2만 3천
구문 문장

2만 5천
어휘

총 **143,000 DB**를
쎄듀런에서!

www.cedulearn.com

 쎄듀런은 PC & Moblie APP 모두 사용 가능합니다.

콘텐츠를 제작하는 콘텐츠팩토리 및 서비스 결제 기능은 **PC버전**에서만 이용 가능합니다.

 쎄듀런 모바일 앱 설치

 GET IT ON Google Play

 Download on the App Store

1 구문

판매 1위 '천일문' 콘텐츠를 활용하여 정확하고 다양한 구문 학습

(끊어읽기) (해석하기) (문장 구조 분석) (해설·해석 제공) (단어 스크램블링) (영작하기)

2 문법·서술형

쎄듀의 모든 문법 문항을 활용하여 내신까지 해결하는 정교한 문법 유형 제공

(객관식과 주관식의 결합) (문법 포인트별 학습) (보기를 활용한 집합 문항) (내신대비 서술형) (어법+서술형 문제)

3 어휘

초·중·고·공무원까지 방대한 어휘량을 제공하며 오프라인 TEST 인쇄도 가능

(영단어 카드 학습) (단어 ↔ 뜻 유형) (예문 활용 유형) (단어 매칭 게임)

4 선생님 보유 문항 이용

(Online Test) (OMR Test)

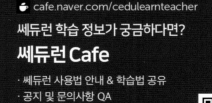

☕ cafe.naver.com/cedulearnteacher

쎄듀런 학습 정보가 궁금하다면?

쎄듀런 Cafe

· 쎄듀런 사용법 안내 & 학습법 공유
· 공지 및 문의사항 QA
· 할인 쿠폰 증정 등 이벤트 진행

패턴으로 말하는

초등 _{필수} 영단어

교육부 지정
초등 영단어

원어민
영어 발음

문장
패턴

모두~ 초코언니가 직접 가르쳐드려요!

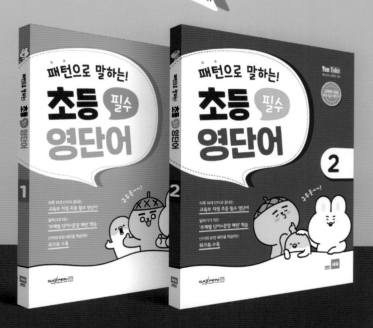

세이펜 적용 도서

SAY PEN
www.saypen.com

자율 학습, 원어민 발음 학습 가능!
초코언니 학습 퀴즈 가능

---

1 '패턴으로 말하는 초등 필수 영단어'로 공부하면

교육부지정 초등필수 영단어
단어 960개 + 문장패턴 231개
= 말할 수 있는 문장 총 1,226개

2 무료 부가자료를 활용해보세요!

무료 부가자료 따라쓰기 워크북, 단어 테스트지 등으로
'초등 필수 영단어' 를 복습할 수 있어요 *쎄듀북 홈페이지 제공

3 친절한 설명과 유창한 발음의 초코언니 강의!

You Tube 유튜브에 **"초코언니"**를 검색하세요!
패턴으로 말하는 <초등 필수 영단어>를
무료로 학습할 수 있습니다.

유튜브 바로가기

쎄듀북닷컴(www.cedubook.com)에서 부가 자료를 무료로 다운로드할 수 있습니다.

쎄듀

Words

70 A

Let's Start Reading!

김기훈 l 쎄듀 영어교육연구센터

왓츠
리딩
What's Reading

WORKBOOK

쎄듀

Words

70 A

· WORKBOOK ·

Cute Bears

A 주어진 의미에 맞는 단어를 <보기>에서 골라 빈칸을 채우세요.

보기	same know each month long the wild

[동사] 알다, 알고 있다	I ❶ _____ his name. 나는 그의 이름을 <u>알고 있다</u>.
[형용사] 각각의, 각자의	❷ _____ room has a TV. <u>각</u> 방은 TV가 있다.
[형용사] 같은	We go to the ❸ _____ school. 우리는 <u>같은</u> 학교를 다닌다.
[명사] 달, 월	I visited London last ❹ _____. 나는 지난달에 런던을 방문했다.
야생, 자연	There are many jungle animals in ❺ _____. <u>야생</u>에는 많은 정글 동물들이 있다.
[부사] 오래, 오랫동안 [형용사] (길이·거리가) 긴	Something scary happened here ❻ _____ ago. <u>오래</u> 전 이곳에는 어떤 무서운 일이 있었다.

B 주어진 단어의 알맞은 우리말 뜻을 찾아 연결하세요.

❶ winter   •   • (잠을) 자다

❷ sleep   •   • 겨울

❸ plant   •   • 식물

C 아래 문장에서 주어에는 ○표, 동사에는 밑줄을 치세요.

> 보기 (They) <u>eat</u> plants, meat, and fish.

❶ They have six toes on each foot.

❷ In winter, they sleep for four months.

❸ Giant pandas are bears, too.

❹ Giant pandas eat bamboo.

D 주어진 우리말과 뜻이 같도록 문장을 완성해 보세요.

❶ 당신은 무엇을 알고 있는가 / 곰에 대해서?

→ _____ / about bears?

(what / you / do / know)

❷ 하지만 자이언트 판다와 곰은 똑같지 않다.

→ But _____.

(not / giant pandas and bears / the same / are)

❸ 또한, 자이언트 판다는 오래 자지 않는다 / 겨울에.

→ Also, _____ / in winter.

(long / giant pandas / sleep / don't)

❹ 야생에 있는 자이언트 판다는 먹는다 / 벌레, 꿀, 그리고 나뭇잎을.

→ _____ / bugs, honey, and leaves.

(in the wild / eat / giant pandas)

02 Panda and Polar Bear

A 주어진 의미에 맞는 단어를 <보기>에서 골라 빈칸을 채우세요.

| 보기 | say | cover | fish | hungry | friend | circle |

명사 친구	Jason is my best ❶ _____. Jason은 나의 가장 친한 <u>친구</u>이다.
명사 원, 동그라미	Please draw a ❷ _____. <u>원</u> 하나를 그려 주세요.
동사 말하다	I didn't ❸ _____ anything. 나는 아무것도 <u>말하지</u> 않았다.
동사 물고기를 잡다, 낚시하다 명사 물고기, 어류	He doesn't ❹ _____ in the river. 그는 그 강에서 <u>낚시하지</u> 않는다.
동사 가리다, 감추다	❺ _____ your face with a mask. 가면으로 당신의 얼굴을 <u>가리세요</u>.
형용사 배고픈	They were ❻ _____ after the game. 그들은 경기 후에 <u>배가 고팠다</u>.

B 주어진 단어의 알맞은 우리말 뜻을 찾아 연결하세요.

❶ come •　　　　　　　• ～에 빠지다

❷ fall in •　　　　　　　• 놀란, 놀라는

❸ surprised •　　　　　　　• 오다

C 아래 문장에서 주어에는 ○표, 동사에는 밑줄을 치세요.

> 보기   The panda was surprised.

1 The polar bear was hungry.

2 But he didn't like it.

3 His eyes had black circles like pandas.

4 Then a panda came and said hello.

D 주어진 우리말과 뜻이 같도록 문장을 완성해 보세요.

1 어느 날, / 북극곰이 진흙에 빠졌다.

→ One day, / _____ .

                      (the mud / a polar bear / fell in)

2 그들은 친구가 되었다 / 그리고 함께 놀았다.

→ _____ / and played together.

    (friends / became / they)

3 판다는 대나무를 주었다 / 그에게.

→ _____ / to him.

    (bamboo / the panda / gave)

4 북극곰은 다시 하얗게 변했다.

→ _____ again.

    (the polar bear / white / turned)

Pandas in the World

A 주어진 의미에 맞는 단어를 <보기>에서 골라 빈칸을 채우세요.

보기   send   return   keep   other   care   free

명사 보살핌, 돌봄	The children need ❶ _____. 그 아이들은 보살핌이 필요하다.
동사 보내다	I will ❷ _____ some pictures. 나는 사진을 몇 장 보낼 것이다.
동사 계속 가지고 있다	I ❸ _____ my old toys in a box. 나는 오래된 장난감을 상자 안에 계속 가지고 있다.
동사 돌려주다, 반납하다	❹ _____ this book by Monday. 월요일까지 이 책을 반납하세요.
형용사 다른, 그 밖의	Tom had ❺ _____ ideas. Tom은 다른 생각을 가지고 있었다.
형용사 1. 무료의, 공짜의 2. 자유로운	This concert ticket was ❻ _____. 이 콘서트 티켓은 무료였다.

B 주어진 단어의 알맞은 우리말 뜻을 찾아 연결하세요.

❶ zoo   •   • 100만

❷ stay   •   • 유지하다

❸ million   •   • 동물원

C 아래 문장에서 주어에는 ○표, 동사에는 밑줄을 치세요.

> 보기   (They) need special care.

❶ People love the pandas.

❷ The pandas also eat a lot.

❸ Some countries return the pandas.

❸ But most countries keep them.

D 주어진 우리말과 뜻이 같도록 문장을 완성해 보세요.

❶ 중국은 판다를 소중하게 여긴다.

→ _____ .

(pandas / China / takes good care of)

❷ 하지만 그 나라는 그들을 보낸다 / 다른 나라들로.

→ But _____ / to other countries.

(them / the country / sends)

❸ 중국은 친구 관계를 유지한다 / 다른 나라들과.

→ _____ / _____ .

(China / with / stays friends / other countries)

❹ 그들은 판다를 보고 싶어 한다 / 동물원에서.

→ _____ / at the zoo.

(want / they / the pandas / to see)

A 주어진 의미에 맞는 단어를 <보기>에서 골라 빈칸을 채우세요.

보기	show up beautiful cry kill forever alone around

나타나다	Jenny will ❶ soon. Jenny는 곧 <u>나타날</u> 것이다.
[동사] 울다	The girl started to ❷ . 그 여자아이는 <u>울기</u> 시작했다.
[동사] 죽이다, 목숨을 빼앗다	This poison can ❸ people. 이 독은 사람을 <u>죽일</u> 수 있다.
[형용사] 아름다운	The flowers are ❹ . 그 꽃들은 <u>아름답다</u>.
[형용사] 홀로, 외로운	She was ❺ in the room. 그녀는 방에서 <u>홀로</u> 있었다.
[부사] 영원히	I will remember him ❻ . 나는 그를 <u>영원히</u> 기억할 것이다.
[전치사] ~의 주위에	Let's sit ❼ the campfire. 캠프파이어 <u>주위에</u> 앉자.

B 주어진 단어의 알맞은 우리말 뜻을 찾아 연결하세요.

❶ find •   • 구하다

❷ save •   • 발견하다, 찾다

❸ later •   • 나중에, 후에

C 아래 문장에서 주어에는 ○표, 동사에는 밑줄을 치세요.

> 보기 (The baby panda) <u>was</u> alone.

❶ But the tiger killed the girls.

❷ One day, they found a baby panda.

❸ Later, the panda family showed up.

❹ The black circles around their eyes stayed forever.

D 주어진 우리말과 뜻이 같도록 문장을 완성해 보세요.

❶ 네 명의 아름답고 친절한 소녀들이 있었다.

→ _____ .

(four / there were / beautiful and kind / girls)

❷ 소녀들은 판다를 구했다 / 호랑이로부터.

→ _____ / from the tiger.

(the panda / the girls / saved)

❸ 그 가족은 소녀들을 보고 울었다.

→ _____ .

(cried / the family / and / saw / the girls)

❹ 그들의 눈물은 검은 원을 만들었다 / 그들의 눈 주위에.

→ _____ / around their eyes.

(black circles / their tears / made)

01 I Like the Sun!

A 주어진 의미에 맞는 단어를 <보기>에서 골라 빈칸을 채우세요.

| 보기 | grow | find | like | weak | cut off | sweet |

동사 자라다, 크다	Some plants can ❶ _____ in hot places. 어떤 식물들은 더운 곳에서 <u>자랄</u> 수 있다.
~을 자르다, ~을 잘라내다	He will ❷ _____ his long hair. 그는 자신의 긴 머리를 <u>자를</u> 것이다.
동사 좋아하다 전치사 ~와 같이, ~처럼	I ❸ _____ pizza so much. 나는 피자를 매우 <u>좋아한다</u>.
동사 찾다, 발견하다	Did you ❹ _____ your cellphone? 너는 네 휴대전화를 <u>찾았니</u>?
형용사 약한, 힘이 없는	The chair is too ❺ _____. Don't sit on it. 그 의자는 너무 <u>약하다</u>. 그 위에 앉지 마.
형용사 달콤한, 단	These peaches are ❻ _____. 이 복숭아들은 <u>달콤하다</u>.

B 주어진 단어의 알맞은 우리말 뜻을 찾아 연결하세요.

❶ need   •   •   잎

❷ then   •   •   그러면; 그때; 그 후에

❸ leaf   •   •   필요하다

C 아래 문장에서 주어에는 ○표, 동사에는 밑줄을 치세요.

> 보기   (I)<u>need</u> water.

❶ I like warm soil.

❷ Farmers cut off my bottom leaves.

❸ What am I?

❹ In cold soil, I won't grow.

D 주어진 우리말과 뜻이 같도록 문장을 완성해 보세요.

❶ 내가 자랄 때, // 나는 햇빛이 필요하다.

→ When I grow, // _____.

(sunshine / I / need)

❷ 그러면 나는 건강하고 튼튼해질 수 있다.

→ Then _____.

(I / healthy / can be / and strong)

❸ 나는 테니스공처럼 커질 수 있다.

→ I can be _____.

(big / a tennis ball / like)

❹ 당신은 나를 찾을 수 있다 / 샐러드, 파스타 그리고 소스에서.

→ _____ / in salad, pasta, and sauce.

(me / find / you / can)

02 Poison Apple

A 주어진 의미에 맞는 단어를 <보기>에서 골라 빈칸을 채우세요.

보기	eat rich poison wrong do afraid

동사 먹다	He couldn't ❶ _____ anything. 그는 아무것도 먹을 수 없었다.
동사 (행동, 일 등을) 하다	Let's ❷ _____ our best! 우리 최선을 다 하자!
명사 독, 독약	Chocolate is like ❸ _____ to dogs. 초콜릿은 개들에게 독과 같다.
형용사 부유한, 돈 많은	❹ _____ people often visit here. 부유한 사람들이 종종 이곳을 방문한다.
형용사 두려워하는, 겁내는	We are ❺ _____ of ghosts. 우리는 귀신을 두려워한다.
형용사 1. 틀린, 잘못 알고 있는 2. 잘못된, 나쁜	You are ❻ _____ about Paul. 너는 Paul에 대해 잘못 알고 있어.

B 주어진 단어의 알맞은 우리말 뜻을 찾아 연결하세요.

❶ bright •　　　　　• 곧, 머지않아

❷ soon •　　　　　• 밝은

❸ anything •　　　　　• 아무것도

C 아래 문장에서 주어에는 〇표, 동사에는 밑줄을 치세요.

> **보기**   (It) <u>was</u> "poison apple."

❶ Lead is very dangerous.

❷ But they were wrong about tomatoes.

❸ Long ago, tomatoes had a nickname.

❹ People in Europe didn't eat tomatoes.

D 주어진 우리말과 뜻이 같도록 문장을 완성해 보세요.

❶ 몇몇 부유한 사람들이 토마토를 먹었다.

→ _____ .

(ate / some rich people / tomatoes)

❷ 모두가 토마토를 두려워하게 되었다.

→ _____ .

(became / afraid of / tomatoes / everyone)

❸ 사람들은 아플 수도 있다 / 또는 죽을 수도 있다.

→ _____ / or die.

(get / can / sick / people)

❹ 토마토는 아무 잘못도 하지 않았다!

→ _____ !

(anything / didn't do / wrong / tomatoes)

03 A Ball in the Garden

A 주어진 의미에 맞는 단어를 <보기>에서 골라 빈칸을 채우세요.

| 보기 | take   throw   again   plant   pick   turn into |

동사 던지다	Don't ❶ _____ the bag at him. 그에게 가방을 <u>던지지</u> 마라.
동사 가져가다	I will ❷ _____ my raincoat. 제 우비를 <u>가져갈게요</u>.
동사 1. (꽃을) 꺾다, 따다 2. 고르다, 선택하다	Don't ❸ _____ any flowers here. 여기에서 아무 꽃도 <u>꺾지</u> 마세요.
명사 식물	Please water the ❹ _____ every day. 매일 그 <u>식물</u>에 물을 주세요.
부사 다시, 한 번 더	Can you say that ❺ _____, please? <u>다시 한 번</u> 말씀해 주시겠어요?
～이 되다, ～으로 변하다	Milk can ❻ _____ cheese or yogurt. 우유는 치즈나 요구르트로 <u>변할</u> 수 있다.

B 주어진 단어의 알맞은 우리말 뜻을 찾아 연결하세요.

❶ say   •   •   말하다

❷ stop   •   •   나중에

❸ later   •   •   (어떤 일이나 행동을) 막다

C 아래 문장에서 주어에는 ○표, 동사에는 밑줄을 치세요.

> 보기 (He) <u>wanted</u> to pick them.

❶ He took it home.

❷ The small fruits became big and red.

❸ A baby rabbit found a red ball.

❹ Later, the baby rabbit saw flowers on the plant.

D 주어진 우리말과 뜻이 같도록 문장을 완성해 보세요.

❶ 그러나 그의 엄마는 그 공을 던졌다 / 정원 안으로.

→ _____ / into the garden.

(threw / the ball / but / his mother)

❷ 나중에, / 아기 토끼는 작은 식물을 보았다.

→ Later, / _____.

(the baby rabbit / a small plant / saw)

❸ 하지만 엄마가 다시 그를 막았다.

→ But _____.

(stopped / the mother / him again)

❹ 나중에, / 그 꽃들은 작은 열매들로 변했다.

→ Later, / _____.

(turned into / small fruits / the flowers)

04 Delicious Sauce!

A 주어진 의미에 맞는 단어를 <보기>에서 골라 빈칸을 채우세요.

| 보기 | taste   go bad   begin   fresh   new   whole |

동사 1. 맛보다 2. ~한 맛이 나다	These cakes ❶ sweet. 이 케이크들은 단 맛이 난다.
동사 시작하다	Let's ❷ our class. 수업을 시작합시다.
형용사 신선한, 싱싱한	The fish looked very ❸ . 그 물고기는 매우 신선해 보였다.
형용사 새, 새로운	I bought ❹ shoes. 나는 새 신발을 구매했다.
형용사 전체의, 모든	My brother ate the ❺ cake. 내 오빠는 케이크 전체를 먹었다.
(음식이) 상하다	Milk in a warm place will ❻ fast. 따뜻한 장소에 있는 우유는 빨리 상할 것이다.

B 주어진 단어의 알맞은 우리말 뜻을 찾아 연결하세요.

❶ add   •   •   만들어 내다

❷ create   •   •   빨리

❸ fast   •   •   첨가하다, 더하다

C 아래 문장에서 주어에는 ○표, 동사에는 밑줄을 치세요.

> 보기 (They) <u>began</u> to sell it.

❶ Farmers made tomato ketchup.

❷ Some British people tasted ketchup in Asia.

❸ So, they used mushrooms and fish.

❹ Then Henry Heinz created a new tomato ketchup.

D 주어진 우리말과 뜻이 같도록 문장을 완성해 보세요.

❶ 하지만 오래 전에, / 케첩은 아시아에서 온 생선 소스였다.

→ But long ago, / _____ .

(ketchup / was / from Asia / fish sauce)

❷ 그러나 그들의 토마토케첩은 빠르게 상했다.

→ But _____ .

(fast / went bad / their tomato ketchup)

❸ 그는 식초와 설탕을 첨가했다 / 그것에.

→ _____ / to it.

(added / vinegar and sugar / he)

❹ 그의 케첩은 신선한 채로 있었다 / 일 년 내내!

→ _____ / for a whole year!

(his ketchup / fresh / stayed)

Grandfather's Farm

A 주어진 의미에 맞는 단어를 <보기>에서 골라 빈칸을 채우세요.

보기	farm visit clean fill easy take care of

동사 방문하다	My family will **❶** _____ China soon. 나의 가족은 곧 중국을 방문할 것이다.
동사 청소하다, 깨끗하게 하다	I **❷** _____ my room every day. 나는 매일 내 방을 청소한다.
동사 채우다	**❸** _____ this bottle with water. 이 병을 물로 채워라.
형용사 쉬운	The English test was **❹** _____ . 영어 시험은 쉬웠다.
명사 농장	Farmers work on a **❺** _____ . 농부들은 농장에서 일한다.
~을 돌보다	My sister and I **❻** _____ our dog, Honey. 내 여동생과 나는 우리 개, Honey를 돌본다.

B 주어진 단어의 알맞은 우리말 뜻을 찾아 연결하세요.

❶ try　•

❷ help　•

❸ again　•

•　다시

•　시도하다, 해보다

•　도움

C 아래 문장에서 주어에는 ○표, 동사에는 밑줄을 치세요.

> 보기 Today, (I) <u>visited</u> my grandfather's farm.

1 The baby cow was small and weak.

2 But the cow kept moving.

3 My grandfather needed help.

4 It wasn't easy, but I felt great.

D 주어진 우리말과 뜻이 같도록 문장을 완성해 보세요.

1 나는 어미 소를 돌보았다.

→ _____ .

(took care of / I / the mother cow)

2 나는 그 소에게서 우유가 필요했다.

→ _____ .

(needed / I / milk / from the cow)

3 그래서 나는 그 소를 안았다 / 그리고 다시 시도했다.

→ So _____ / _____ .

(I / again / hugged / and / the cow / tried)

4 나는 우유로 양동이 하나를 채웠다.

→ _____ .

(a bucket / filled / with milk / I)

A 주어진 의미에 맞는 단어를 <보기>에서 골라 빈칸을 채우세요.

보기	gift come make building under take away

[동사] 오다	Dad will ❶ _____ home soon. 아빠는 곧 집으로 <u>오실</u> 것이다.
[동사] 만들다, 제작하다	Bob likes to ❷ _____ clothes. Bob은 옷을 <u>만드는</u> 것을 좋아한다.
[명사] 선물	I sent a ❸ _____ to Sally. 나는 Sally에게 <u>선물</u>을 보냈다.
[명사] 건물	That ❹ _____ looks old. 그 <u>건물</u>은 낡아 보인다.
[전치사] ~ 아래에	My cat is lying ❺ _____ the bed. 내 고양이는 침대 <u>아래에</u> 누워 있다.
치우다, 없애다	❻ _____ this garbage right now! 이 쓰레기를 지금 바로 <u>치워라</u>!

B 주어진 단어의 알맞은 우리말 뜻을 찾아 연결하세요.

❶ police •   • 가져오다

❷ bring •   • 경찰

❸ outside •   • 밖에, 바깥에

C 아래 문장에서 주어에는 ○표, 동사에는 밑줄을 치세요.

> 보기   (Charging Bull) <u>is</u> in New York City.

1 It is so big!

2 The city didn't allow it.

3 But many people wanted it back.

4 In 1989, he put it outside of a building.

D 주어진 우리말과 뜻이 같도록 문장을 완성해 보세요.

1 많은 사람들이 온다 / 그것을 보기 위해서 / 매일.

→ _____ / _____ / every day.

(to see / come / it / many people)

2 누가 그 황소를 만들었는가?

→ _____ ?

(the bull / made / who)

3 경찰이 그것을 치웠다.

→ _____ .

(the police / away / it / took)

4 도시는 그것을 다시 가져왔다, / 하지만 새로운 장소에.

→ _____ , / but in a new place.

(it / the city / brought / back)

03 Raju and the Farmer

A 주어진 의미에 맞는 단어를 <보기>에서 골라 빈칸을 채우세요.

보기	decide　money　sick　home　sell　become

동사 ~해지다, ~이 되다	Windows ❶ dirty after rain. 창문들은 비가 온 후 더러워진다.
동사 결정하다	Only you can ❷ your future. 오직 너만이 네 미래를 결정할 수 있다.
동사 팔다	I want to ❸ some old toys. 나는 오래된 장난감을 좀 팔고 싶다.
형용사 아픈, 병든	My brother is ❹ . 내 형은 아프다.
명사 돈	Let's save some ❺ for the trip. 여행을 위해 약간의 돈을 저축하자.
부사 집에, 집으로	We went ❻ late at night. 우리는 밤늦게 집에 갔다.

B 주어진 단어의 알맞은 우리말 뜻을 찾아 연결하세요.

❶ hear　　　•　　　　　•　버리다

❷ throw out　•　　　　　•　듣다

❸ village　　•　　　　　•　마을

C 아래 문장에서 주어에는 ○표, 동사에는 밑줄을 치세요.

> 보기   (A farmer) had a cow.

1 He wanted his cow back.

2 The cow became better.

3 He and Raju asked the head of the village.

4 But it became sick and stopped making milk.

D 주어진 우리말과 뜻이 같도록 문장을 완성해 보세요.

1 그는 우유를 팔았다 / 그리고 돈을 벌었다.

→ _____ / and made money.

(sold / the milk / he)

2 Raju는 그 소를 발견했다 / 그리고 그것을 집에 데려갔다.

→ Raju found the cow / _____.

(it / took / home / and)

3 Raju는 우유를 팔았다/ 그리고 부유해졌다.

→ Raju sold the milk / _____.

(became / and / rich)

4 촌장은 말했다, // "소가 자신의 주인을 결정할 것이다."

→ The head said, // " _____."

(its owner / the cow / will decide)

정답과 해설 p.54

Cows: Giving Animals

A 주어진 의미에 맞는 단어를 <보기>에서 골라 빈칸을 채우세요.

보기   work   reason   heavy   pull   carry   helpful

명사 이유	There is a ❶ _____ for the fire. 그 화재에 대한 이유가 있다.
동사 운반하다	Can you ❷ _____ these boxes? 네가 이 상자들을 운반해 줄 수 있니?
형용사 무거운	This sofa is too ❸ _____ . 이 소파는 너무 무거워요.
형용사 도움이 되는	Cars are ❹ _____ in our lives. 자동차는 우리의 삶에 도움이 된다.
동사 끌어당기다, 당기다	Don't ❺ _____ my hair. It hurts! 내 머리를 당기지 마. 아프단 말이야!
동사 일하다	Doctors ❻ _____ in the hospital. 의사들은 병원에서 일한다.

B 주어진 단어의 알맞은 우리말 뜻을 찾아 연결하세요.

❶ life   •   •   수레

❷ cart   •   •   ~와 비슷한

❸ like   •   •   일생, 생애

C 아래 문장에서 주어에는 ○표, 동사에는 밑줄을 치세요.

> 보기 (They) <u>were</u> really helpful.

❶ Cows worked for them.

❷ Farmers also got milk from cows.

❸ A long time ago, people didn't eat beef.

❹ For farmers, cows were like treasure.

D 주어진 우리말과 뜻이 같도록 문장을 완성해 보세요.

❶ 오늘날에, / 많은 사람들은 소고기를 먹는 것을 즐긴다.

→ These days, / _____ .

(many people / eating beef / enjoy)

❷ 소는 매우 중요했다 / 그들의 삶에서.

→ _____ / in their lives.

(important / cows / very / were)

❸ 몇 가지 이유가 있었다 / 그것에 대한.

→ _____ / for that.

(some / there / reasons / were)

❹ 아시아에서는, / 사람들이 무거운 물건들을 운반했다 / 수레 위에.

→ In Asia, / _____ / on carts.

(carried / people / heavy things)

01 Māui vs. the Sun God

A 주어진 의미에 맞는 단어를 <보기>에서 골라 빈칸을 채우세요.

보기	travel　near　fast　catch　hit　future　short

[동사] 1. 이동하다 　　　 2. 여행하다	Trains ❶ _____ along the tracks. 기차들은 철로를 따라 <u>이동한다</u>.
[동사] 잡다, 붙잡다	He didn't ❷ _____ the bird. 그는 새를 <u>잡지</u> 않았다.
[동사] 때리다, 치다	Don't ❸ _____ the ball hard. 공을 세게 <u>치지</u> 마라.
[명사] 미래	I want to be a nurse in the ❹ _____ . 나는 <u>미래</u>에 간호사가 되고 싶다.
[형용사] (시간·길이가) 짧은	This pencil is too ❺ _____ . 이 연필은 너무 <u>짧다</u>.
[전치사] ~에 가까이	Is there a bank ❻ _____ here? 여기 <u>가까이</u> 은행이 있나요?
[부사] 빠르게, 빨리	Wait! You are walking too ❼ _____ . 기다려! 너는 너무 <u>빨리</u> 걷고 있어.

B 주어진 단어의 알맞은 우리말 뜻을 찾아 연결하세요.

❶ grow　　　·　　　　　　·　재배하다, 기르다

❷ daytime　　·　　　　　　·　밖으로

❸ outside　　·　　　　　　·　낮

C 아래 문장에서 주어에는 ○표, 동사에는 밑줄을 치세요.

> 보기 (He) went to the Sun God.

❶ Daytime was very short.

❷ The Sun God slept in a hole at night.

❸ Māui hit the Sun God with his magic bone.

❹ People couldn't grow much food.

D 주어진 우리말과 뜻이 같도록 문장을 완성해 보세요.

❶ 옛날에, 태양의 신이 빠르게 이동했다.

→ In the old days, _____.

(fast / traveled / the Sun God)

❷ Māui는 사람들을 돕기를 원했다.

→ _____.

(people / Māui / to help / wanted)

❸ 태양의 신은 속도를 늦추기로 약속했다.

→ _____.

(to slow down / the Sun God / promised)

❹ 그때부터, 낮은 충분히 길어졌다.

→ From then, _____.

(became / enough / daytime / long)

02 Teotihuacán

A 주어진 의미에 맞는 단어를 <보기>에서 골라 빈칸을 채우세요.

보기	build call size leave surprised so

동사 짓다, 세우다	The city will ❶ _____ a new library. 도시는 새 도서관을 지을 것이다.
동사 떠나다, 출발하다	What time did Ted ❷ _____ ? Ted는 몇 시에 떠났니?
동사 이름 짓다	I will ❸ _____ my puppy "Candy." 나는 내 강아지를 'Candy'라고 이름 지을 것이다.
명사 크기, 규모	The twins are the same ❹ _____ . 쌍둥이는 크기가 같다.
형용사 놀란	We were ❺ _____ at the news. 우리는 그 소식에 놀랐다.
부사 너무, 대단히	You are ❻ _____ kind. 당신은 너무 친절하세요.

B 주어진 단어의 알맞은 우리말 뜻을 찾아 연결하세요.

❶ destroy　　•　　　　　•　약, 대략

❷ stadium　　•　　　　　•　파괴하다

❸ about　　•　　　　　•　경기장

C 아래 문장에서 주어에는 ○표, 동사에는 밑줄을 치세요.

> 보기　(It) <u>is</u> about 7 times the size of a stadium!

❶ Everyone left the city.

❷ They also found a pyramid.

❸ Long ago, people built pyramids in the city.

❹ But in the 700s, a fire destroyed everything.

D 주어진 우리말과 뜻이 같도록 문장을 완성해 보세요.

❶ 수백 년 후에, 아즈텍 족이 그 도시를 발견했다.

→ After centuries, _____ .

(the city / the Aztecs / found)

❷ 그들은 그 도시를 이름 지었다 / 'Teotihuacán'이라고.

→ _____ / "Teotihuacán."

(called / the city / they)

❸ 그것은 '신들의 도시'라는 의미이다.

→ _____ .

(means / "the city of the gods" / it)

❹ 사람들은 놀란다 // 그것이 매우 크기 때문에.

→ People are surprised // _____ .

(so / it / because / is / big)

03 Fox Fire

A 주어진 의미에 맞는 단어를 <보기>에서 골라 빈칸을 채우세요.

보기	different	run	tail	lift	create	go into

[동사] 달리다	I go out and ❶ _____ every day. 나는 매일 나가서 <u>달린다</u>.
[동사] 들어 올리다, 올리다	Please ❷ _____ your right arm. 당신의 오른팔을 <u>올려주세요</u>.
[형용사] 다른	The sisters look ❸ _____ from each other. 그 자매들은 서로 <u>다르게</u> 생겼다.
[명사] (동물의) 꼬리	Cats have a long ❹ _____ . 고양이들은 긴 <u>꼬리를</u> 갖고 있다.
[동사] 만들어 내다	The chef will ❺ _____ a new dish. 그 요리사는 새로운 요리를 <u>만들어</u> 낼 것이다.
~에 들어가다	The sparks from the fire ❻ _____ the sky. 불의 불꽃들이 하늘로 <u>들어간다</u>.

B 주어진 단어의 알맞은 우리말 뜻을 찾아 연결하세요.

❶ moonlight ·   · 스치다

❷ catch ·   · (빛을) 받다

❸ brush ·   · 달빛

C 아래 문장에서 주어에는 ○표, 동사에는 밑줄을 치세요.

> 보기   (Aurora) has another name in Finland.

❶ They run fast.

❷ Their tails brush the mountains.

❸ In old stories, fire foxes made fox fires.

❹ They catch the moonlight and create auroras.

D 주어진 우리말과 뜻이 같도록 문장을 완성해 보세요.

❶ 두 개의 다른 이야기가 있다 / 그것들에 대한.

→ _____ / about them.

(stories / different / two / are / there)

❷ 그것은 불꽃을 만든다, // 그리고 그 불꽃이 하늘을 환하게 만든다.

→ It makes sparks, // and _____.

(sparks / those / light up / the sky)

❸ 하지만 그들의 꼬리가 눈송이를 위로 들어올린다.

→ _____.

(their tails / snowflakes / lift up / but)

❹ 눈송이들은 하늘로 들어간다.

→ _____.

(the snowflakes / the sky / go into)

How's the Weather?

A 주어진 의미에 맞는 단어를 <보기>에서 골라 빈칸을 채우세요.

| 보기 | weather | calm | worry | rain | strong | dangerous |

동사 비가 오다	It started to ❶ suddenly. 갑자기 비가 오기 시작했다.
동사 걱정하다	Don't ❷ about it. 그것에 대해 걱정하지 마.
형용사 (날씨 등이) 고요한, 잔잔한	The sea is ❸ today. 바다는 오늘 잔잔하다.
형용사 1. 강한, 거센 2. 튼튼한, 힘센	The ❹ wind broke my umbrella. 강한 바람이 내 우산을 망가뜨렸다.
형용사 위험한	The road is ❺ after the rain. 비가 온 후에 도로는 위험하다.
명사 날씨	Check the ❻ outside. 밖의 날씨를 확인해 봐.

B 주어진 단어의 알맞은 우리말 뜻을 찾아 연결하세요.

❶ windy   •   •   고장 내다, 부수다

❷ break   •   •   때때로, 가끔

❸ sometimes   •   •   바람이 많이 부는

C 아래 문장에서 주어에는 ○표, 동사에는 밑줄을 치세요.

> 보기   (We) <u>have</u> weather on Earth.

① A solar storm can happen.

② Most space weather is very calm.

③ Is it windy in space?

④ Then everything on Earth will stop.

D 주어진 우리말과 뜻이 같도록 문장을 완성해 보세요.

① 우주에 비가 오는가?

→ _____ ?

(does / in space / it / rain)

② 그러니 우주 날씨에 대해 걱정하지 마라.

→ So _____ .

(worry about / space weather / don't)

③ 때때로 태양은 매우 강한 바람을 만들어 낸다.

→ Sometimes _____ .

(the Sun / a very strong wind / creates)

④ 전기나 인터넷이 없을 것이다.

→ _____ .

(power or Internet / there / no / will be)

01 My Special Pet

A 주어진 의미에 맞는 단어를 <보기>에서 골라 빈칸을 채우세요.

> 보기   walk   everything   slow   wait for   smell   pet   slowly

동사 냄새를 맡다, 향을 맡다	❶ _____ this milk. Is it fresh? 이 우유 냄새를 맡아 봐. 그것은 신선하니?
형용사 느린, 천천히 움직이는	Turtles are ❷ _____ animals. 거북이들은 느린 동물들이다.
대명사 모든 것, 모두	Mom knows ❸ _____ about me. 엄마는 나에 대해서 모든 것을 알고 계신다.
동사 걷다, 걸어가다 명사 산책	Betty takes a ❹ _____ after dinner. Betty는 저녁식사 후에 산책을 한다.
명사 반려동물, 애완동물	Do you have a ❺ _____ ? 당신은 반려동물이 있나요?
부사 천천히, 느리게	The teacher speaks very ❻ _____ . 그 선생님은 아주 천천히 말씀하신다.
~을 기다리다	Please ❼ _____ the next bus. 다음 버스를 기다려 주세요.

B 주어진 단어의 알맞은 우리말 뜻을 찾아 연결하세요.

❶ fast ·   · 인사하다

❷ look at ·   · 빨리, 빠르게

❸ say hi ·   · ~을 보다

C 아래 문장에서 주어에는 ○표, 동사에는 밑줄을 치세요.

> 보기   (Alice) <u>did</u> everything fast.

❶ She saw her neighbors.

❷ The sloth did everything slowly.

❸ But her pet sloth was different.

❹ One evening, she took the sloth for a walk.

D 주어진 우리말과 뜻이 같도록 문장을 완성해 보세요.

❶ 그녀는 빨리 먹었다 / 그리고 빨리 걸었다.

→ _____ / and walked fast.

(fast / she / ate)

❷ 그 후에, / 그녀는 꽃향기를 맡았다.

→ After that, / _____.

(smelled / she / flowers)

❸ 그녀는 또한 하늘에 있는 별들을 보았다.

→ _____ in the sky.

(also / the stars / looked at / she)

❹ Alice는 천천히 하는 것을 즐겼다.

→ _____.

(things / enjoyed doing / slowly / Alice)

02 Slow Sloth

A 주어진 의미에 맞는 단어를 <보기>에서 골라 빈칸을 채우세요.

보기   move   sleep   sometimes   protect   step   once

동사 (잠을) 자다	Some animals ❶ _____ long in winter. 어떤 동물들은 겨울에 길게 잠을 잔다.
동사 보호하다, 지키다	The police ❷ _____ our town. 경찰은 우리 도시를 보호한다.
동사 1. 이동하다 2. 움직이다	Elephants ❸ _____ 50 miles a day. 코끼리는 하루에 50마일을 이동한다.
명사 걸음, 발걸음	She took a ❹ _____ closer to me. 그녀는 내게로 한 걸음 가까이 이동했다.
부사 한 번	Peter cleans his house ❺ _____ a week. Peter는 일주일에 한 번 자신의 집을 청소한다.
부사 때때로, 가끔	I ❻ _____ go to school by bike. 나는 가끔 자전거로 학교에 간다.

B 주어진 단어의 알맞은 우리말 뜻을 찾아 연결하세요.

❶ enemy •   • 시간

❷ hour •   • 자라다

❸ grow •   • 적

C 아래 문장에서 주어에는 ○표, 동사에는 밑줄을 치세요.

> 보기 (That) <u>is</u> about 45 steps of a human.

❶ They go to the bathroom once a week.

❷ Sloths move about 35 meters a day.

❸ They eat leaves and sleep for 20 hours a day in trees.

❹ Their enemies sometimes miss them.

D 주어진 우리말과 뜻이 같도록 문장을 완성해 보세요.

❶ 나무늘보는 ~이다 / 가장 느린 동물들 중 하나 / 세계에서.

→ The sloth is / _____ / in the world.

         (animals / the slowest / one of)

❷ 때때로 그들의 느림이 그들을 보호한다.

→ Sometimes _____.

         (them / slowness / their / protects)

❸ 그들은 많이 움직이지 않는다, // 그래서 녹조류가 그들 위에 자란다.

→ _____, // so algae grows on them.

         (they / don't move / much)

❹ 그들은 나무의 일부처럼 보인다.

→ _____.

         (look like / they / part of a tree)

03 A Young Man and Apples

A 주어진 의미에 맞는 단어를 <보기>에서 골라 빈칸을 채우세요.

보기	basket fall answer get late pick up

동사 (장소 · 위치에) 도착하다, 이르다	When did you **1** _____ here? 너는 언제 여기에 <u>도착했니</u>?
동사 떨어지다, 빠지다	Be careful. Rocks will **2** _____ from there. 조심해. 그곳에서 돌이 <u>떨어질</u> 것이다.
형용사 늦은, 지각한	Let's go home. It's really **3** _____ . 집에 가자. 너무 <u>늦었어</u>.
동사 대답하다 명사 대답	I rang the bell, but there was no **4** _____ . 내가 벨을 눌렀지만, 아무런 <u>대답</u>이 없었다.
명사 바구니	There are many fruits in the **5** _____ . <u>바구니</u> 안에 많은 과일들이 있다.
~을 줍다	Can you **6** _____ the spoon? 수저를 <u>주워</u>줄래?

B 주어진 단어의 알맞은 우리말 뜻을 찾아 연결하세요.

1 stop •　　　　　• 멈추다, 서다

2 repeat •　　　　　• 이해하다

3 understand •　　　　　• 반복하다

C 아래 문장에서 주어에는 ○표, 동사에는 밑줄을 치세요.

> 보기   Finally, (he) <u>got</u> home.

❶ The apples fell again.

❷ Don't run. Walk home.

❸ The young man didn't understand his answer.

❹ He started to run with the basket.

D 주어진 우리말과 뜻이 같도록 문장을 완성해 보세요.

❶ 한 젊은이가 사과 한 바구니를 가지고 있었다.

→ _____ .

(a basket of apples / had / a young man)

❷ 그러나 사과가 계속 떨어졌다 / 바구니 밖으로.

→ _____ / out of the basket.

(the apples / kept falling / but)

❸ 그는 멈췄다 / 그리고 사과를 주웠다.

→ He stopped / _____ .

(and / the apples / picked up)

❹ 그는 이것을 여러 번 반복했다.

→ _____ .

(repeated / many times / this / he)

04 A Slow Life

A 주어진 의미에 맞는 단어를 <보기>에서 골라 빈칸을 채우세요.

| 보기 | busy   thing   nature   spend   always   happiness |

[명사] 1. (사실·행동 등) 것, 일 2. 물건, 사물	A terrible ❶ _____ happened last night. 지난밤에 끔찍한 일이 일어났다.
[동사] (시간을) 보내다	I will ❷ _____ this weekend in London. 나는 이번 주말을 런던에서 보낼 것이다.
[형용사] 바쁜, 분주한	Helen is too ❸ _____ now. Helen은 지금 너무 바쁘다.
[명사] 자연	Let's protect ❹ _____ ! 자연을 보호합시다!
[명사] 행복, 만족, 기쁨	My pet brings ❺ _____ to me. 내 반려동물은 나에게 행복을 가져다준다.
[부사] 항상, 언제나	Sam ❻ _____ watches the news. Sam은 항상 뉴스를 본다.

B 주어진 단어의 알맞은 우리말 뜻을 찾아 연결하세요.

❶ small　　　　　•　　　　　•　어떤, 일부의

❷ take a walk　•　　　　　•　산책하다

❸ some　　　　　•　　　　　•　사소한, 작은

C 아래 문장에서 주어에는 ○표, 동사에는 밑줄을 치세요.

> 보기 Today, (everyone) <u>is</u> busy.

❶ They enjoy taking a walk.

❷ They also spend more time in nature.

❸ They don't enjoy their lives.

❹ Some people always say "Faster, faster!"

D 주어진 우리말과 뜻이 같도록 문장을 완성해 보세요.

❶ 어떤 사람들은 슬로 리빙을 선택한다.

→ _____ .

(choose / people / some / slow living)

❷ 그들은 모든 것을 천천히 하는가?

→ _____ ?

(they / do / everything slowly / do)

❸ 그들은 더 많은 시간을 보낸다 / 그들의 가족들이랑 친구들과 함께.

→ _____ / with their families and friends.

(spend / time / more / they)

❹ 하지만 슬로 리빙은 그들에게 행복을 가져다준다.

→ But _____ .

(happiness / brings / slow living / to them)

MEMO

MEMO

왓츠리딩 What's Reading

한눈에 보는
왓츠 Reading 시리즈

70 A|B | **80** A|B

90 A|B | **100** A|B

1 체계적인 학습을 위한 시리즈 및 난이도 구성

2 재미있는 픽션과 유익한 논픽션 50:50 구성

3 이해력과 응용력을 향상시키는 다양한 활동 수록

4 지문마다 제공되는 추가 어휘 학습

5 워크북과 부가자료로 완벽한 복습 가능

6 학습에 편리한 차별화된 모바일 음원 재생 서비스
→ 지문, 어휘 MP3 파일 제공

단계	단어 수 (Words)	Lexile 지수
70 A	60 ~ 80	200-400L
70 B	60 ~ 80	
80 A	70 ~ 90	300-500L
80 B	70 ~ 90	
90 A	80 ~ 110	400-600L
90 B	80 ~ 110	
100 A	90 ~ 120	500-700L
100 B	90 ~ 120	

* Lexile(렉사일) 지수는 미국 교육 연구 기관 MetaMetrics에서 개발한 독서능력 평가지수로, 미국에서 가장 공신력 있는 지수로 활용되고 있습니다.

부가자료 다운로드

www.cedubook.com

믿고 보는 영어전문 출판사 **쎄듀**에서 만든
초등 ELT Oh! My Series

전체 시리즈 워크북 제공

Oh! My
PHONICS & SPEAKING & GRAMMAR

◆ Oh! My 시리즈는 본문 전체가 영어로 구성된 ELT 도서입니다. ◆ 세이펜이 적용된 도서로, 홈스쿨링 학습이 가능합니다.

My Oh! Phonics
오! 마이 파닉스

❶ 첫 영어 시작을 위한
유·초등 파닉스 학습서(레벨 1~4)

❷ 기초 알파벳부터
단/장/이중모음/이중자음 완성

❸ 초코언니 무료 유튜브 강의 제공

Oh! My SPEAKING
오! 마이 스피킹

❶ 말하기 중심으로 어휘,
문법까지 학습 가능(레벨1~6)

❷ 주요 어휘와 문장 구조가
반복되는 학습

❸ 초코언니 무료 유튜브 강의 제공

New My Oh! Grammar
오! 마이 그래머

❶ 첫 문법 시작을 위한
초등 저학년 기초 문법서(레벨1~3)

❷ 흥미로운 주제와 상황을 통해
자연스러운 문법 규칙 학습

❸ 초코언니 무료 우리말 음성 강의 제공

파닉스 규칙을 배우고 스피킹과 문법 학습으로 이어가는 **유초등 영어의 첫 걸음!**
쎄듀 오! 마이 시리즈로 영어 자신감 UP↑ 탄탄한 초등 영어 습관을 만들어보세요!

쎄듀북닷컴(www.cedubook.com)에서 부가 자료를 무료로 다운로드할 수 있습니다.

쎄듀

LISTENING Q

중학영어듣기 모의고사 시리즈

① 최신 기출을 분석한 유형별 공략

· 최근 출제되는 모든 유형별 문제 풀이 방법 제시
· 오답 함정과 정답 근거를 통해 문제 분석
· 꼭 알아두야 할 주요 어휘와 표현 정리

② 실전모의고사로 문제 풀이 감각 익히기

실전 모의고사 20회로 듣기 기본기를 다지고,
고난도 모의고사 4회로 최종 실력 점검까지!

③ 매 회 제공되는 받아쓰기 훈련(딕테이션)

· 문제풀이에 중요한 단서가 되는
  핵심 어휘와 표현을 받아 적으면서 듣기 훈련!
· 듣기 발음 중 헷갈리는 발음에 대한 '리스닝 팁' 제공
· 교육부에서 지정한 '의사소통 기능 표현' 정리

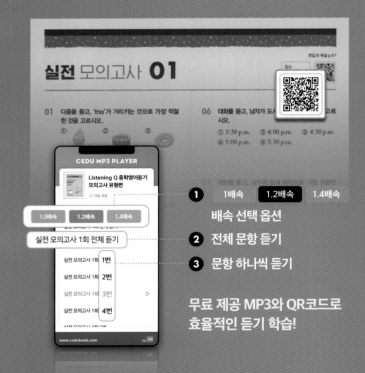

① 1배속   **1.2배속**   1.4배속
배속 선택 옵션

② 전체 문항 듣기

③ 문항 하나씩 듣기

무료 제공 MP3와 QR코드로
효율적인 듣기 학습!

쎄듀북닷컴(www.cedubook.com)에서 부가 자료를 무료로 다운로드할 수 있습니다.

쎄듀

초 등 코 치
천일문 *sentence*

1,001개 통문장 암기로 영어의 기초 완성

1 │ 초등학생도 쉽게 따라 할 수 있는 암기 시스템 제시

2 │ 암기한 문장에서 자연스럽게 문법 규칙 발견

3 │ 영어 동화책에서 뽑은 빈출 패턴으로 흥미와 관심 유도

4 │ 미국 현지 초등학생 원어민 성우가 녹음한 생생한 MP3

5 │ 세이펜(음성 재생장치)을 활용해 실시간으로 듣고 따라 말하는 효율적인 학습 가능

　　Role Play 기능을 통해 원어민 친구와 1:1 대화하기!

　* 기존 보유하고 계신 세이펜으로도 핀파일 업데이트 후 사용 가능합니다.

　* Role Play 기능은 '레인보우 SBS-1000' 이후 기종에서만 기능이 구현됩니다.

내신, 수능, 말하기, 회화
목적은 달라도
시작은 초등코치 천일문!

with
세이펜

• 연계 & 후속 학습에 좋은 초등코치 천일문 시리즈 •

초등코치 천일문
GRAMMAR 1, 2, 3
-
1,001개 예문으로
배우는 초등 영문법

초등코치 천일문
VOCA & STORY 1, 2
-
1001개의 초등 필수 어휘와
짧은 스토리

쎄듀북닷컴(www.cedubook.com)에서 부가 자료를 무료로 다운로드할 수 있습니다.

쎄듀

EGU
THE EASIEST
GRAMMAR & USAGE

EGU 시리즈 소개

EGU
서술형 기초
세우기

영단어&품사
서술형·문법의 기초가 되는
영단어와 품사 결합 학습

문장 형식
기본 동사 32개를 활용한
문장 형식별 학습

동사 써먹기
기본 동사 24개를 활용한
확장식 문장 쓰기 연습

EGU
서술형·문법
다지기

문법 써먹기
개정 교육 과정
중1 서술형·문법 완성

구문 써먹기
개정 교육 과정
중2, 중3 서술형·문법 완성

쎄듀북닷컴(www.cedubook.com)에서 부가 자료를 무료로 다운로드할 수 있습니다.

쎄듀

Words
70 A

왓츠
리딩
What's Reading

Let's Start Reading!

김기훈 ㅣ 쎄듀 영어교육연구센터

정답과 해설

쎄듀

Words

70 A

· 정답과 해설 ·

01 Cute Bears

pp.14 ~ 17

p. 15 **Check Up**	1 ②	2 (a) ○ (b) ○ (c) ✕	3 ②	4 ⓐ: bears ⓑ: same
p. 16 **Build Up**	ⓐ sleep	ⓑ toes	ⓒ long	ⓓ six
p. 16 **Sum Up**	ⓐ same	ⓑ eat	ⓒ sleep	ⓓ five
p. 17 **Look Up**	A 1 same	2 sleep	3 month	

	B 1 the wild - 야생, 자연	2 leaf - 나뭇잎	
	3 meat - 고기	4 foot - 발	
	C 1 long	2 know	3 each

Check Up

1 자이언트 판다는 곰이지만 일반 곰들과 식성이나, 겨울잠 기간, 그리고 생김새가 다르다는 내용의 글이므로 정답은 ②이다.

2 (a) 곰은 식물과 고기, 물고기를 먹는다고(They eat plants, meat, and fish.) 했으므로 글의 내용과 맞다.
(b) 야생 자이언트 판다는 가끔 벌레, 꿀, 그리고 나뭇잎을 먹는다고(And sometimes, giant pandas in the wild eat bugs, honey, and leaves.) 했으므로 글의 내용과 맞다.
(c) 자이언트 판다는 각 발에 여섯 개의 발가락을 가지고 있다고(~, and they have six toes on each foot.) 했으므로 글의 내용과 틀리다.

3 곰은 겨울에 (A) 잠을 잔다. 자이언트 판다는 겨울에 오래 (B) 잠을 자지 않는다.

① 먹다 ② 잠을 자다 ③ 걷는다

4 자이언트 판다와 ⓐ 곰은 ⓑ 같지 않다.

Build Up

곰과 자이언트 판다의 특징을 정리해 본다.

곰	자이언트 판다
• 식물과 고기, 물고기를 먹는다.	• 대나무를 먹는다.
• 겨울에 4개월 동안 ⓐ 잠을 잔다.	• 겨울에 잠을 ⓒ 오래 자지 않는다.
• 각 발에 다섯 개의 ⓑ 발가락을 가지고 있다.	• 각 발에 ⓓ 여섯 개의 발가락을 가지고 있다.

Sum Up

곰과 자이언트 판다는 ⓐ 같지 않다. 곰은 고기를 먹지만, 자이언트 판다는 대나무를 ⓑ 먹는다. 겨울에, 곰은 4개월 동안 잠을 자지만, 자이언트 판다는 오래 ⓒ 잠을 자지 않는다. 곰은 각 발에 ⓓ 다섯 개의 발가락을 가지고 있지만, 자이언트 판다는 여섯 개의 발가락을 가지고 있다.

🌿 끊어서 읽기

당신은 무엇을 알고 있는가 / 곰에 대해서? 그들은 먹는다 / 식물, 고기, 그리고 물고기를. 겨울에, /
¹What do you know / about bears? ²They eat / plants, meat, and fish. ³In winter, /

그들은 잠을 잔다 / 4개월 동안. 그들은 다섯 개의 발가락을 가지고 있다 / 각 발에.
they sleep / for four months. ⁴They have five toes / on each foot.

자이언트 판다는 곰이다. / ~도. 하지만 자이언트 판다와 곰은 / 똑같지 않다.
⁵Giant pandas are bears, / too. ⁶But giant pandas and bears / are not the same.

자이언트 판다는 먹는다 / 대나무를. 그리고 가끔씩, / 야생에 있는 자이언트 판다는 먹는다 /
⁷Giant pandas eat / bamboo. ⁸And sometimes, / giant pandas in the wild eat /

벌레, 꿀, 그리고 나뭇잎을. 또한, 자이언트 판다는 오래 자지 않는다 / 겨울에, // 그리고
bugs, honey, and leaves. ⁹Also, giant pandas don't sleep long / in winter, // and

그들은 여섯 개의 발가락을 가지고 있다 / 각 발에.
they have six toes / on each foot.

🌿 우리말 해석

귀여운 곰

¹여러분은 곰에 대해 무엇을 알고 있나요? ²그것들은 식물, 고기, 그리고 물고기를 먹습니다. ³겨울에는, 4개월 동안 잠을 자지요. ⁴그들은 각 발에 다섯 개의 발가락을 가지고 있답니다.
⁵자이언트 판다도 곰이에요. ⁶하지만 자이언트 판다와 곰은 똑같지 않습니다. ⁷자이언트 판다는 대나무를 먹어요. ⁸그리고 가끔 야생에 있는 자이언트 판다는 벌레, 꿀, 그리고 나뭇잎을 먹기도 해요. ⁹또한, 자이언트 판다는 겨울에 오래 자지 않으며, 그들은 각 발에 여섯 개의 발가락을 가지고 있어요.

🌿 주요 문장 분석하기

³**In** winter, <u>they</u> <u>sleep</u> **for** four months.
　　　　　　주어　　동사

→ 여기서 전치사 in은 '~에(특정 기간 동안)'라는 뜻으로, 뒤에 계절, 연도 등을 나타내는 말이 온다.
→ for는 '~ 동안'이라는 의미로 기간을 나타내는 전치사이다.

And **sometimes**, *giant pandas* [in the wild] eat bugs, honey, and leaves.

주어　　　　　　동사　　　목적어

→ sometimes는 '가끔, 때때로'라는 의미로 주로 일반동사 앞에 오지만, 문장 전체를 강조할 때는 문장 맨 앞에 오기도 한다.

→ in the wild는 giant pandas를 뒤에서 꾸며준다.

02 Panda and Polar Bear

pp.18 ~ 21

p. 19 **Check Up**	1 ②	2 (a)✕ (b)✕ (c)○	3 ③	4 ⓐ: friends ⓑ: together
p. 20 **Build Up**	ⓐ mud	ⓑ like	ⓒ white	ⓓ surprised
p. 20 **Sum Up**	3→2→4→1			
p. 21 **Look Up**	A 1 mud	2 surprised	3 cover	
	B 1 fish - 물고기를 잡다	2 again - 다시		
	3 together - 함께	4 friend - 친구		
	C 1 hungry	2 said	3 covered	

Check Up

1 판다와 진흙이 묻어 눈 주위에 검은 원이 생긴 북극곰이 친구가 된 이야기이므로 정답은 ②이다.

2 (a) 눈 주위에 진흙이 묻은 건 북극곰이라고(One day, a polar bear fell in ~ had black circles like pandas.) 했으므로 글의 내용과 틀리다.

(b) 판다는 배고픈 북극곰에게 대나무를 주었지만, 그는 그것을 좋아하지 않았다고(The panda gave bamboo to him. But he didn't like it.) 했으므로 글의 내용과 틀리다.

(c) 물속에 들어간 북극곰은 다시 하얗게 변했다고(The polar bear and the panda went into the water. The polar bear turned white again.) 했으므로 글의 내용과 맞다.

3 물에 씻겨 다시 하얗게 변한 북극곰을 본 판다는 그가 판다가 아니라서 놀랐다고(The panda was surprised. He said, "You are not a panda!") 했다.

4 북극곰과 판다는 ⓐ 친구가 되어서 ⓑ 함께 놀았다.

Build Up

원인		결과
북극곰은 ⓐ 진흙에 넘어졌다.	→	그의 눈은 판다처럼 검은 원이 있었다.
북극곰은 대나무를 ⓑ 좋아하지 않았다.	→	북극곰과 판다는 물속으로 들어갔다.
북극곰은 ⓒ 하얗게 변했다.	→	판다는 ⓓ 놀랐다.

Sum Up

❸ 북극곰이 진흙에 넘어졌다. 그는 눈에 검은 원들이 있었다. → ❷ 북극곰과 판다는 친구가 되었다. →

❹ 판다는 북극곰에게 대나무를 주었다. 하지만 북극곰은 그것을 좋아하지 않았다. → ❶ 북극곰은 물속에 들어갔다. 그는 다시 하얗게 변했다.

끊어서 읽기

어느 날, / 북극곰이 진흙에 빠졌다.   그는 그의 눈을 가렸다. 그의 눈은 검은 원을 가졌다
[1]One day, / a polar bear fell in the mud. [2]He covered his eyes. [3]His eyes had

/ 판다처럼.   그때 판다가 왔다 / 그리고 인사를 했다. 그들은 친구가 되었다
black circles / like pandas. [4]Then a panda came / and said hello. [5]They became

/ 그리고 함께 놀았다.
friends / and played together.

북극곰은 배가 고팠다.   판다는 대나무를 주었다 / 그에게. 하지만 그는 그것을
[6]The polar bear was hungry. [7]The panda gave bamboo / to him. [8]But he didn't

좋아하지 않았다. 그는 말했다. // "물고기를 잡자!"   북극곰과 판다는 물로 들어갔다.
like it. [9]He said, // "Let's fish!" [10]The polar bear and the panda went into the

북극곰은 변했다 / 다시 하얗게.   판다는 놀랐다.
water. [11]The polar bear turned / white again. [12]The panda was surprised.

그는 말했다. // "너는 판다가 아니야!"   북극곰은 말했다. // "나는 북극곰이야.
[13]He said, // "You are not a panda!" [14]The polar bear said, // "I'm a polar bear.

하지만 우리는 둘 다 곰이야!"
[15]But we are both bears!"

우리말 해석

판다와 북극곰

[1]어느 날, 북극곰이 진흙에 빠졌어요. [2]그는 자신의 눈을 가렸어요. [3]그의 눈은 판다처럼 검은 원을 갖게 되었어요. [4]그때 판다가 와서 인사를 했어요. [5]그들은 친구가 되었고 함께 놀았어요.

[6]북극곰은 배가 고팠어요. [7]판다가 그에게 대나무를 주었습니다. [8]하지만 그는 그것을 좋아하지 않았어요. [9]그는 "물고기를 잡자!"라고 말했어요. [10]북극곰과 판다는 물로 들어갔지요. [11]북극곰은 다시 하얗게 변했어요. [12]판다는 놀랐어요. [13]그는 말했어요, "너는 판다가 아니잖아!" [14]북극곰은 말했어요, "난 북극곰이야. [15]하지만 우리는 둘 다 곰이야!"

🌾 주요 문장 분석하기

⁵They **became** friends **and** played together.
　　주어　　동사1　　보어1　　　　　동사2

➜ 「become[became]+명사」는 '~가 되다[되었다]'라는 의미이다.

➜ 동사 became과 played가 and로 연결되어 있다.

⁹He said, "**Let's** fish!"
　주어　동사

➜ 「Let's+동사원형」은 '~하자'의 의미로 상대방에게 제안할 때 사용한다.

¹¹The polar bear **turned** white again.
　　　　주어　　　　　동사　　보어

➜ 「turn[turned]+형용사」는 '(~한 상태로) 변하다[변했다]'라는 의미이다.

➜ 여기서 white는 주어 The polar bear의 상태를 보충 설명한다.

03	Pandas in the World				pp.22 ~ 25

p. 23 **Check Up**	1 ③	2 (a) ○ (b) × (c) ×	3 ②	4 ⓐ: sends ⓑ: friends	
p. 24 **Build Up**	ⓐ **friends**	ⓑ **sends**	ⓒ **return**	ⓓ **keep**	
p. 24 **Sum Up**	ⓐ **about**	ⓑ **countries**	ⓒ **expensive**	ⓓ **care**	ⓔ **love**
p. 25 **Look Up**	A 1 **need**	2 **free**		3 **care**	
	B 1 **keep** - 계속 가지고 있다	2 **special** - 특별한			
	3 **most** - 대부분의	4 **a lot** - 많이			
	C 1 **other**	2 **returned**		3 **free**	

Check Up

1 중국이 판다를 소중히 여기지만, 판다를 선물로 다른 나라들로 보내는 이유를 설명하는 내용이므로 정답은 ③이다.

2 (a) 중국에는 약 1,600마리의 판다가 있다고(There are about 1,600 pandas in China.) 했으므로 글의 내용과 맞다.

(b) 중국이 다른 나라들로 판다를 보내는 것은 무료가 아니며 매년 비용은 100만 달러라고(It costs $1 million every year.) 했으므로 글의 내용과 틀리다.

(c) 판다는 많이 먹고 특별한 보살핌이 필요하다고(The pandas also eat a lot. They need special care.) 했으므로 글의 내용과 틀리다.

3 중국은 다른 나라들과 친구 관계를 유지하기 위해서 판다를 보낸다고(China stays friends with other countries.) 했다.

4 중국은 판다를 다른 나라들로 ⓐ 보내고, 그들과 ⓑ 친구 관계를 유지한다.

Build Up

원인		결과
중국은 다른 나라들과 ⓐ 친구 관계를 유지하고 싶어 한다.	→	그 나라는 다른 나라들로 판다를 ⓑ 보낸다.
비용은 매년 100만 달러이다.	→	몇몇 나라들은 판다를 ⓒ 돌려보낸다.
많은 사람들이 판다를 매우 좋아하고 동물원에서 그것들을 보고 싶어 한다.	→	대부분의 나라들은 그것들을 ⓓ 계속 데리고 있다.

Sum Up

안녕, 나는 판다야. 중국에는 우리가 ⓐ 약 1,600마리 있어. 중국은 우리를 소중하게 여겨. 하지만 그 나라는 우리를 다른 ⓑ 나라들로 보내. 가끔은, 우리가 너무 ⓒ 비싸서 중국으로 돌아오기도 하지. 또한, 우리는 특별한 ⓓ 보살핌을 필요로 하거든. 하지만 사람들이 우리를 ⓔ 매우 좋아해. 그래서 대부분의 나라들은 우리를 계속 데리고 있어.

✎ 끊어서 읽기

판다는 중국에서 온다.　　　　　약 1,600마리의 판다가 있다　/　중국에.　　중국은
¹Pandas come from China. ²There are about 1,600 pandas / in China. ³China

그것들을 소중하게 여긴다.　　하지만 그 나라는 그것들을 보낸다　/　　다른 나라들로.
takes good care of them. ⁴But the country sends them / to other countries.

왜일까?　중국은 친구 관계를 유지한다 /　　다른 나라들과.　　하지만 그것은 무료가 아니다.　비용은
⁵Why? ⁶China stays friends / with other countries. ⁷But it's not free. ⁸It costs

100만 달러이다 /　매년.
$1 million / every year.

몇몇 나라들은 그것들을 돌려보낸다　//　왜냐하면 그것이 비싸기 때문에.　　판다는 또한 먹는다　/
⁹Some countries return them // because it's expensive. ¹⁰The pandas also eat /

많이.　그것들은 필요하다 / 특별한 보살핌.　하지만 대부분의 나라들은 그것들을 계속 데리고 있다.　왜일까?
a lot. ¹¹They need / special care. ¹²But most countries keep them. ¹³Why?

사람들은 판다를 매우 좋아한다.　　그들은 원한다 /　판다를 보는 것을　/ 동물원에서.
¹⁴People love the pandas. ¹⁵They want / to see the pandas / at the zoo.

전 세계의 판다

¹판다는 중국에서 옵니다. ²중국에는 약 1,600마리의 판다가 있습니다. ³중국은 그것들을 소중하게 여깁니다. ⁴하지만 그 나라는 다른 나라들로 그것들을 보냅니다. ⁵왜일까요? ⁶중국은 다른 나라와 친구(좋은) 관계를 유지합니다. ⁷하지만 그것은 무료가 아니에요. ⁸비용은 매년 100만 달러입니다.

⁹몇몇 나라들은 너무 비싸서 그것들을 돌려보냅니다. ¹⁰판다는 많이 먹기도 해요. ¹¹그것들은 특별한 보살핌을 필요로 하지요. ¹²하지만 대부분의 나라들은 그것들을 계속 데리고 있습니다. ¹³왜냐고요? ¹⁴사람들이 판다를 매우 좋아하거든요. ¹⁵그들은 동물원에서 판다를 보고 싶어 합니다.

🌿 주요 문장 분석하기

²**There are** *about 1,600 pandas* in China.
→ 「There are+복수명사」는 '~가 있다'라는 의미이다.

⁴But the country **sends** them **to** other countries.
　　　　　　　주어　　　동사　　목적어
→ 「send A to B」는 'A를 B로 보내다'라는 의미이다.

⁶China **stays** friends with other countries.
　　주어　　동사　　보어
→ 「stay+명사」는 '유지하다, (~인 채로) 계속 있다'라는 의미이다.

⁹Some countries return them **because** it's expensive.
　　주어　　　　동사　목적어　　　　주어'동사'　보어
→ because는 '~이기 때문에, 왜냐하면'이라는 뜻으로, 이유를 나타내는 문장을 연결하는 접속사이다.

04	Sad Pandas				pp.26 ~ 29
p. 27 **Check Up**	1 ③	2 (a) ○　(b) ✕　(c) ✕		3 ②	4 ⓐ: black　ⓑ: eyes
p. 28 **Build Up**	1 (C), (E)	2 (A)	3 (B), (D)		
p. 28 **Sum Up**	4 → 1 → 2 → 3				
p. 29 **Look Up**	A 1 attack	2 alone		3 cry	
	B 1 beautiful - 아름다운	2 around - ~의 주위에			
	3 tear - 눈물	4 show up - 나타나다			
	C 1 killed	2 alone		3 forever	

Check Up

1 판다의 눈 주변이 눈물 때문에 검게 되었다는 이야기이므로 정답은 ③이다.

2 (a) 소녀들은 혼자 있던 아기 판다를 발견했다고(One day, they found a baby panda. The baby panda was alone.) 했으므로 글의 내용과 맞다.

(b) 소녀들이 호랑이로부터 아기 판다를 구했다고(The girls saved the panda from the tiger.) 했으므로 글의 내용과 틀리다.

(c) 판다 가족이 오랫동안 울었다고(They cried for a long time.) 했으므로 글의 내용과 틀리다.

3 판다의 눈물이 그들의 눈 주위에 검은 원을 만들었다고(Their tears made black circles around their eyes.) 했다.

4 ┌─────────────────────────────────────┐
  │ 판다는 왜 ⓑ 눈 주위에 ⓐ 검은 원이 있을까? │
  └─────────────────────────────────────┘

Build Up

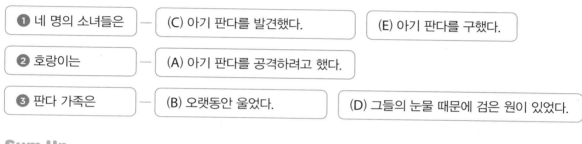

❶ 네 명의 소녀들은 — (C) 아기 판다를 발견했다. (E) 아기 판다를 구했다.

❷ 호랑이는 — (A) 아기 판다를 공격하려고 했다.

❸ 판다 가족은 — (B) 오랫동안 울었다. (D) 그들의 눈물 때문에 검은 원이 있었다.

Sum Up

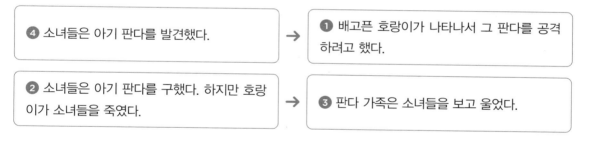

❹ 소녀들은 아기 판다를 발견했다. → ❶ 배고픈 호랑이가 나타나서 그 판다를 공격하려고 했다.

❷ 소녀들은 아기 판다를 구했다. 하지만 호랑이가 소녀들을 죽였다. → ❸ 판다 가족은 소녀들을 보고 울었다.

⚘ 끊어서 읽기

~이 있었다 / 네 명의 아름답고 친절한 소녀들.   어느 날, / 그들은 발견했다 / 아기

[1]There were / four beautiful and kind girls. [2]One day, / they found / a baby

판다를.   아기 판다는 혼자였다.   배고픈 호랑이가 나타났다.   그것은 공격하려고 했다

panda. [3]The baby panda was alone. [4]A hungry tiger showed up. [5]It tried to attack

/ 판다를.   소녀들은 판다를 구했다 / 호랑이로부터.   하지만 호랑이가 소녀들을 죽였다.

/ the panda. [6]The girls saved the panda / from the tiger. [7]But the tiger killed the

girls.

나중에. /　　　　판다 가족이 나타났다.　　　　그 가족은 소녀들을 보았다 / 그리고 울었다.

⁸Later, / the panda family showed up. ⁹The family saw the girls / and cried.

　　그들은 울었다 /　　오랫동안.　　　그들의 눈물이 검은 원을 만들었다 / 그들의 눈 주위에.

¹⁰They cried / for a long time. ¹¹Their tears made black circles / around their

　　그 검은 원은　　 / 그들의 눈 주위에 있는 /　영원히 남았다.

eyes. ¹²The black circles / around their eyes / stayed forever.

⚘ 우리말 해석

슬픈 판다

¹네 명의 아름답고 친절한 소녀들이 있었습니다. ²어느 날, 그들은 아기 판다를 발견했어요. ³아기 판다는 혼자였어요. ⁴배고픈 호랑이가 나타났습니다. ⁵그것은 판다를 공격하려고 했어요. ⁶소녀들은 판다를 호랑이로부터 구했답니다. ⁷하지만 호랑이가 소녀들을 죽이고 말았어요.

⁸나중에, 판다 가족이 나타났어요. ⁹그 가족은 소녀들을 보고 울었어요. ¹⁰그들은 오랫동안 울었습니다. ¹¹그 눈물이 그들의 눈 주위에 검은 원을 만들었어요. ¹²그들의 눈 주위에 생긴 검은 원은 영원히 남았답니다.

⚘ 주요 문장 분석하기

⁹The family saw the girls **and** cried.
　　　주어　　　동사1　목적어1　　　동사2

➜ 동사 saw와 cried가 접속사 and로 연결되어 있다.

¹¹Their tears made **_black circles_** [around their eyes].
　　　주어　　　동사　　　　목적어

➜ around their eyes는 black circles를 뒤에서 꾸며준다.

CHAPTER 2

Red Food

01 | I Like the Sun!

pp.32 ~ 35

p. 33	**Check Up**	1 ③	2 (a) ✕ (b) ✕ (c) ○	3 ③	4 ⓐ: seeds	ⓑ: sweet
p. 34	**Build Up**	ⓐ need	ⓑ warm	ⓒ weak	ⓓ healthy	
p. 34	**Sum Up**	ⓐ tennis	ⓑ green	ⓒ sweet	ⓓ find	

p. 35	**Look Up**	A 1 cold	2 weak	3 grow
		B 1 become - ~해지다	2 healthy - 건강한	
		3 cut off - ~을 자르다	4 find - 찾다, 발견하다	
		C 1 sweet	2 like	3 grow

Check Up

1 달콤하지 않고, 처음에는 녹색이지만 자라면서 빨개지며, 다양한 음식에서 볼 수 있는 것은 토마토이므로 정답은 ③이다.

2 (a) 따뜻한 흙을 좋아하고, 차가운 흙에서는 자라지 않는다고(I like warm soil. In cold soil, I won't grow.) 했으므로 글의 내용과 틀리다.
(b) 너무 많은 물을 주면 약해진다고(But I don't want too much water. I will become weak.) 했으므로 글의 내용과 틀리다.
(c) 맨 아래쪽 잎을 잘라내면 건강하고 튼튼해질 수 있다고(Farmers cut off my bottom leaves. Then I can be healthy and strong.) 했으므로 글의 내용과 맞다.

3 '나'의 맛은 달콤하지 않고, 생김새는 테니스공과 같이 클 수 있다고 하였다. '나'는 샐러드 등 여러 음식에서 찾아 볼 수 있다고 했지만, '나'를 요리하는 방법에 대한 내용은 글에 없다.

4 나는 과일처럼 ⓐ 씨앗에서 자라지만, 나는 ⓑ 달콤하지 않다.

Build Up

햇빛	—	나는 자랄 때 햇빛이 ⓐ 필요하다.
흙	—	나는 ⓑ 따뜻한 흙을 좋아한다. 차가운 흙에서 나는 자라지 않는다.
물	—	나는 물이 필요하다. 하지만 나는 너무 많은 물로는 ⓒ 약해질 것이다.
잎	—	내 맨 아래쪽 잎을 잘라내라. 그러면 나는 ⓓ 건강하고 튼튼해질 것이다.

Sum Up

나에 대하여	
크기	나는 ⓐ 테니스공과 같이 클 수 있다.
색깔	나는 처음에는 ⓑ 녹색인데, 그러고 나서 빨갛게 된다.
맛	나는 ⓒ 달콤하지 않다.
쓰임	당신은 나를 샐러드, 파스타, 그리고 소스에서 ⓓ 찾을 수 있다.

⚘ 끊어서 읽기

내가 자랄 때, // 나는 햇빛이 필요하다. 나는 따뜻한 흙을 좋아한다. 차가운 흙에서, / 나는 자라지 않을 것이다.
¹When I grow, // I need sunshine. ²I like warm soil. ³In cold soil, / I won't grow.

나는 물이 필요하다. 하지만 나는 원하지 않는다 / 너무 많은 물을.　　나는 약해질 것이다.　　농부들은
⁴I need water. ⁵But I don't want / too much water. ⁶I will become weak. ⁷Farmers

잘라낸다 / 나의 맨 아래쪽 잎들을.　그러면 나는 ~ 될 수 있다 / 건강하고 튼튼하게.　나는 자란다 /
cut off / my bottom leaves. ⁸Then I can be / healthy and strong. ⁹I grow / from

씨앗에서 /　과일처럼.　　하지만 나는 달콤하지 않다.　나는 클 수 있다 /　테니스공과 같이.　　나는
seeds / like a fruit. ¹⁰But I'm not sweet. ¹¹I can be big / like a tennis ball. ¹²I am

녹색이다 / 처음에는.　하지만 나는 빨갛게 된다.　당신은 나를 찾을 수 있다 / 샐러드, 파스타, 그리고 소스에서.
green / at first. ¹³But I become red. ¹⁴You can find me / in salad, pasta, and sauce.

나는 무엇일까?
¹⁵What am I?

⚘ 우리말 해석

나는 해를 좋아해요!
¹나는 자랄 때, 햇빛이 필요해요. ²나는 따뜻한 흙을 좋아해요. ³차가운 흙에서는 나는 자라지 않을 거예요. ⁴나는 물이 필요해요. ⁵하지만 너무 많은 물은 원하지 않아요. ⁶(그러면) 내가 약해질 거예요. ⁷농부들은 나의 맨 아래쪽 잎을 잘라 내요. ⁸그러면 내가 건강하고 튼튼해질 수 있거든요. ⁹나는 과일처럼 씨앗에서 자라요. ¹⁰하지만 나는 달콤하지 않아요. ¹¹나는 테니스공과 같이 클 수도 있어요. ¹²나는 처음에는 녹색이에요. ¹³하지만 나는 빨갛게 돼요. ¹⁴여러분은 샐러드, 파스타, 그리고 소스에서 나를 찾을 수 있어요. ¹⁵나는 무엇일까요?

⚘ 주요 문장 분석하기

¹**When** I grow, I need sunshine.
　　　　주어' 동사' 주어 동사　　목적어

→ When은 '~할 때'라는 의미이며, 문장과 문장을 연결하는 시간을 나타내는 접속사이다.

³In cold soil, I **won't** grow.
　　　　　　주어　　　동사

→ won't는 will not의 줄임말이며 뒤에 동사원형이 온다.

→ will은 '~할 것이다'라는 의미로 미래를 나타내는 표현이다.

⁶I will **become** weak.
주어　　　동사　　　보어

→ 「become＋형용사」는 '~해지다, ~하게 되다'라는 의미이다.

02	**Poison Apple**					_pp.36 ~ 39_
p. 37 **Check Up**	**1 tomatoes**		**2 ①**	**3 (a)✕ (b)○ (c)○**	**4 ③**	
	5 ⓐ: afraid		**ⓑ: eat**			
p. 38 **Build Up**	ⓐ **rich**		ⓑ **sick**	ⓒ **afraid**		ⓓ **eat**
p. 38 **Sum Up**	ⓐ **eat**		ⓑ **died**	ⓒ **do**		ⓓ **used**
p. 39 **Look Up**	**A 1 plate**		**2 shiny**		**3 eat**	
	B 1 die - 죽다		**2 wrong** - 틀린; 잘못된			
	3 dangerous - 위험한		**4 nickname** - 별명			
	C 1 rich		**2 do**		**3 afraid**	

Check Up

1 옛날 사람들의 토마토에 대한 오해를 다룬 내용이므로 글에서 가장 많이 등장하는 단어는 tomatoes 이다.

> | 독 | 부유한 | 유럽 | 토마토 | 납 |
> |---|---|---|---|---|

2 토마토가 '독사과'라는 별명을 가지게 된 이유를 설명하는 내용이므로 정답은 ①이다.

3 (a) 유럽 사람들은 토마토를 먹지 않았다고(People in Europe didn't eat tomatoes.) 했으므로 글의 내용과 틀리다.

(b) 납은 위험해서 사람들이 그것 때문에 아프거나 죽을 수 있지만, 예전 부유한 사람들은 그것을 알지 못하고, 토마토를 먹을 때 납으로 된 접시를 사용했다고(Those rich people used lead plates when they ate tomatoes. Lead is very dangerous.) 했으므로 글의 내용과 맞다.

(c) 토마토는 아무런 잘못을 하지 않았는데(Tomatoes didn't do anything wrong!), 부유한 사람들을 아프고 죽게 했다고 사람들이 오해하여 '독 사과'라는 별명을 얻게 된 것이므로 글의 내용과 맞다.

4 부유한 사람들이 토마토를 먹을 때 납 접시를 사용해서, 납 중독으로 아프거나 죽었다고(Those rich people used lead plates when they ate tomatoes. ~ So the rich poeple died from lead poisoning.) 했으므로 정답은 ③이다.

5 오래 전에, 유럽에 있는 사람들은 토마토를 ⓐ 두려워하게 되었고 그것들을 ⓑ 먹지 않았다.

Build Up

유럽 사람들이 오래 전에 토마토를 '독사과'라고 부르게 된 과정을 순서대로 정리해 본다.

유럽에 있는 몇몇 **a** 부유한 사람들이 토마토를 먹었다.

그들은 **b** 아파서 죽게 되었다.

모두가 토마토를 **c** 두려워하게 되었고 그것을 **d** 먹지 않았다.

'독사과'는 토마토의 별명이 되었다.

Sum Up

오래 전에, 유럽에 있는 사람들은 토마토를 **a** 먹지 않았다. 몇몇 부유한 사람들은 토마토를 먹고 **b** 죽었다. 그래서 모두가 토마토를 두려워했다. 하지만 토마토는 아무런 잘못을 **c** 하지 않았다. 부유한 사람들은 납 중독으로 아파서 죽게 되었다. 그들은 토마토를 먹을 때 납 접시를 **d** 사용했다.

🐾 끊어서 읽기

토마토는 밝고 빛나는 빨간 열매다.　　　　오래 전에, ／ 토마토는 별명을 가지고 있었다.
¹Tomatoes are bright and shiny red fruit. ²Long ago, / tomatoes had a nickname.

그것은 '독사과'였다.　　유럽에 있는 사람들은 ／ 토마토를 먹지 않았다.
³It was "poison apple." ⁴People in Europe / didn't eat tomatoes.

왜 안 먹었을까? 몇몇 부유한 사람들이 토마토를 먹었다.　　그러나 곧 ／ 그들은 아프게 되었다 ／ 그리고
⁵Why not? ⁶Some rich people ate tomatoes. ⁷But soon / they became sick / and

죽었다.　　그때부터, ／　　모두가 토마토를 두려워하게 되었다.
died. ⁸From then, / everyone became afraid of tomatoes.

그러나 그들은 잘못 알고 있었다 ／ 토마토에 대해.　　그 부유한 사람들은 사용했다 ／　납 접시를　 ／／
⁹But they were wrong / about tomatoes. ¹⁰Those rich people used / lead plates //

그들이 토마토를 먹을 때.　　　납은 매우 위험하다. 사람들은 아플 수도 있다 ／ 또는 죽을 수도 있다.
when they ate tomatoes. ¹¹Lead is very dangerous. ¹²People can get sick / or die.

그래서 그 부유한 사람들은 ／　　납 중독으로 죽었다.　　　토마토는 하지 않았다 ／　아무
¹³So the rich people / died from lead poisoning. ¹⁴Tomatoes didn't do / anything

잘못도!
wrong!

🌱 우리말 해석

독사과

¹토마토는 밝고 빛나는 빨간 열매예요. ²오래 전에, 토마토에게는 별명이 있었지요. ³그것은 '독사과'였답니다. ⁴유럽에 있는 사람들은 토마토를 먹지 않았어요.

⁵왜 안 먹었을까요? ⁶몇몇 부유한 사람들이 토마토를 먹었어요. ⁷그러나 이내, 그들은 아파서 죽고 말았습니다. ⁸그때부터, 모두가 토마토를 두려워하게 되었죠.

⁹그러나 그들은 토마토에 대해 잘못 알고 있었어요. ¹⁰그 부유한 사람들은 토마토를 먹을 때 납 접시를 사용했거든요. ¹¹납은 매우 위험해요. ¹²사람들은 아프거나 죽을 수도 있어요. ¹³그래서 그 부유한 사람들은 납 중독으로 죽었던 것이에요. ¹⁴토마토는 아무 잘못도 하지 않았어요!

🌱 주요 문장 분석하기

⁴*People* [in Europe] didn't eat tomatoes.
주어　　　　　　　　동사　　　목적어

→ in Europe은 앞에 있는 명사 People을 뒤에서 꾸며준다.

¹²People **can *get*** sick *or* (can) die.
주어　　동사1　보어1　　　동사2

→ 「can＋동사원형」은 '~할 수도 있다'라는 의미로 가능성을 나타낸다.

→ 「get＋형용사」는 '(어떤 상태가) 되다'라는 의미이다.

→ or는 '또는'이라는 의미이며, 동사 can get과 die를 연결한다.

→ can의 중복을 피하기 위해, die 앞에 can이 생략되었다.

¹⁴Tomatoes **didn't** do ***anything*** wrong!
주어　　　　동사　　　목적어

→ didn't는 did not의 줄임말이다.

→ 형용사 wrong이 뒤에서 anything을 꾸며준다. anything과 같이 -thing으로 끝나는 대명사는 형용사가 뒤에서 꾸며준다.

p. 41 Check Up	1 ① 2 (a)✕ (b)✕ (c)◯ 3 ③ 4 ⓐ: fruits ⓑ: red	
p. 42 Build Up	1 (B), (C) 2 (A), (D)	
p. 42 Sum Up	1 → 4 → 2 → 3	
p. 43 Look Up	A 1 pick 2 plant 3 throw	
	B 1 small - 작은 2 again - 다시	
	3 reason - 이유 4 garden - 정원	
	C 1 turned into 2 threw 3 took	

Check Up

1 아기 토끼가 주워 온 빨간 공이 정원에서 싹이 나고 꽃이 피고 열매가 열리면서 결국 토마토임을 알게 되는 이야기이므로 정답은 ①이다.

2 (a) 아기 토끼가 빨간 공을 발견했다고(A baby rabbit found a red ball.) 했으므로 글의 내용과 틀리다.
(b) 아기 토끼가 작은 식물에 난 꽃들을 꺾고 싶어 했지만 엄마 토끼가 그를 막았다고(He wanted to pick them. But his mother stopped him again.) 했으므로 글의 내용과 틀리다.
(c) 엄마 토끼는 빨간 공을 보자마자 정원으로 던지고, 아기 토끼가 그것에 난 식물이나 꽃들을 꺾는 것을 막았던 것으로 보아 빨간 공이 무엇인지 알고 있었다.

3 빨간 공에서 나중에 더 많은 열매들이 열렸으므로 엄마 토끼는 더 많은 토마토를 얻기 위해 빨간 공을 정원에 던졌음을 알 수 있다.

4 | 그 작은 ⓐ 열매는 크고 ⓑ 빨간 토마토가 되었다. |

Build Up

❶ 아기 토끼는	—	(B) 빨간 공을 발견했다.	(C) 그 식물의 꽃들을 꺾고 싶어 했다.
❷ 엄마 토끼는	—	(A) "내게 이유가 있단다."라고 말했다.	(D) 그 빨간 공을 정원 안으로 던졌다.

Sum Up

❶ 아기 토끼는 빨간 공을 발견했고 그것을 집으로 가져갔다.	→	❹ 그의 엄마는 그 빨간 공을 정원 안으로 던졌다.	→
❷ 아기 토끼는 작은 식물을 보았다. 나중에, 그 식물에 핀 꽃들을 보았다.	→	❸ 그 꽃들은 작은 열매들로 변했다. 그 작은 열매들은 큰 토마토들이 되었다.	

아기 토끼는 발견했다 / 빨간 공을. 그는 그것을 가져갔다 / 집으로. 그러나 그의 엄마는 그 공을
¹A baby rabbit found / a red ball. ²He took it / home. ³But his mother threw

던졌다 / 정원 안으로. 그녀는 말했다. // "내게 이유가 있단다."
the ball / into the garden. ⁴She said, // "I have a reason."

며칠 후, / 아기 토끼는 보았다 / 작은 식물을. 그는 원했다 / 그것을 꺾기를.
⁵A few days later, / the baby rabbit saw / a small plant. ⁶He wanted / to pick it.

하지만 그의 엄마가 그를 막았다.
⁷But his mother stopped him.

나중에, / 아기 토끼는 보았다 / 그 식물에 난 꽃들을. 그는 원했다 / 그것들을 꺾기를.
⁸Later, / the baby rabbit saw / flowers on the plant. ⁹He wanted / to pick them.

하지만 그의 엄마가 그를 막았다 / 다시.
¹⁰But his mother stopped him / again.

나중에, / 그 꽃들은 ~으로 변했다 / 작은 열매들. 작은 열매들은 ~되었다 / 크고
¹¹Later, / the flowers turned into / small fruits. ¹²The small fruits became / big

빨갛게. 그 빨간 공은 토마토였다!
and red. ¹³The red ball was a tomato!

🌿 우리말 해석

정원에 있는 공

¹아기 토끼는 빨간 공을 발견했어요. ²그는 그것을 집으로 가져갔지요. ³그러나 그의 엄마는 그 공을 정원 안으로 던져 버렸어요. ⁴"내게 이유가 있단다."라고 엄마는 말했어요.

⁵며칠 후, 아기 토끼는 작은 식물을 보았습니다. ⁶그는 그것을 꺾고 싶었어요. ⁷하지만 그의 엄마가 그를 막았어요.

⁸나중에, 아기 토끼는 그 식물에 난 꽃들을 보았어요. ⁹그는 그것들을 꺾고 싶었어요. ¹⁰하지만 그의 엄마는 다시 그를 막았답니다.

¹¹나중에, 그 꽃들은 작은 열매들로 변했습니다. ¹²작은 열매들은 크고 빨갛게 되었어요. ¹³그 빨간 공은 토마토였답니다!

🌿 주요 문장 분석하기

⁸Later, the baby rabbit saw *flowers* [on the plant].
　　　　　　주어　　　동사　　　목적어
→ on the plant는 앞에 있는 flowers를 꾸며준다.

^{12}The small fruits **became** big *and* red.
　　　주어　　　　　동사　　보어1　　보어2

→ 「become[became]+형용사」는 '~해지다[해졌다]'라는 의미이다.

→ 형용사 big과 red는 and로 연결되어 있다.

04	Delicious Sauce!					pp.44 ~ 47

p. 45 **Check Up**	1 ②	2 (a) ○ (b) ○ (c) ×	3 ①	4 ⓐ: ketchup ⓑ: fresh
p. 46 **Build Up**	1 (C)	2 (A)	3 (B)	
p. 46 **Sum Up**	ⓐ fish	ⓑ mushrooms	ⓒ tomato	ⓓ sugar　ⓔ fresh
p. 47 **Look Up**	A 1 taste	2 fresh	3 whole	
	B 1 begin - 시작하다	2 mushroom - 버섯		
	3 sell - 팔다	4 stay - ~인 채로 있다		
	C 1 new	2 taste	3 goes bad	

Check Up

1 케첩이 처음 사용된 때부터 지금의 토마토케첩이 되기까지의 과정을 설명하는 글이므로 정답은 ②이다.

2 (a) 오래 전 케첩은 아시아의 생선 소스였다고(But long ago, ketchup was fish sauce from Asia.) 했으므로, 글의 내용과 맞다.

(b) 몇몇 영국 사람들이 아시아에서 케첩을 맛보았다고(Then some British people tasted ketchup in Asia.) 했으므로, 글의 내용과 맞다.

(c) 농부들이 토마토케첩을 만들어서 팔기 시작했으며(Later, farmers made tomato ketchup. They began to sell it.) Heinz가 그 후에 새로운 토마토케첩을 만들었다고(Then Henry Heinz created a new tomato ketchup.) 했으므로 글의 내용과 틀리다.

3 Henry Heinz는 토마토케첩이 상하지 않도록 하기 위해 식초와 설탕을 넣었다고 했다. 영국 사람들이 초반에 버섯과 생선을 사용하여 케첩을 만들었다.

4 Henry Heinz의 ⓐ 토마토케첩은 일 년 내내 ⓑ 신선한 채로 있었다[신선했다].

Build Up

다른 시기의 사람들이 만든 케첩의 특징을 정리해 본다.

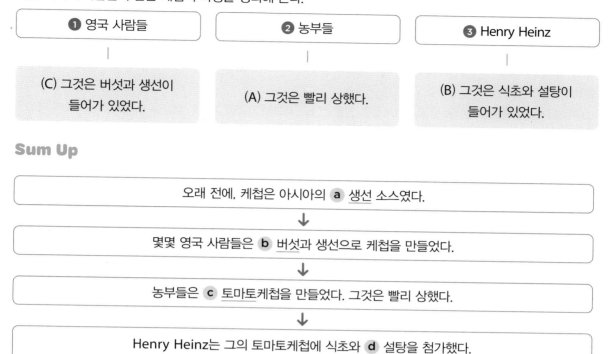

❶ 영국 사람들	❷ 농부들	❸ Henry Heinz
(C) 그것은 버섯과 생선이 들어가 있었다.	(A) 그것은 빨리 상했다.	(B) 그것은 식초와 설탕이 들어가 있었다.

Sum Up

오래 전에, 케첩은 아시아의 ⓐ 생선 소스였다.

↓

몇몇 영국 사람들은 ⓑ 버섯과 생선으로 케첩을 만들었다.

↓

농부들은 ⓒ 토마토케첩을 만들었다. 그것은 빨리 상했다.

↓

Henry Heinz는 그의 토마토케첩에 식초와 ⓓ 설탕을 첨가했다.
그것은 일 년 내내 ⓔ 신선한 채로 있었다[신선했다].

🌿 끊어서 읽기

케첩은 토마토로 만들어진다.　　하지만 오래 전에, /　　케첩은 생선 소스였다　　/
[1]Ketchup is made from tomatoes. [2]But long ago, / ketchup was fish sauce / from

아시아에서 온.　그때 몇몇 영국 사람들은 케첩을 맛보았다　/ 아시아에서.　그들은 원했다 /
Asia. [3]Then some British people tasted ketchup / in Asia. [4]They wanted /

그것을 만들기를, / ~도.　그래서, / 그들은 사용했다 / 버섯과 생선을.
to make it, / too. [5]So, / they used / mushrooms and fish.

나중에, /　　농부들은 토마토케첩을 만들었다.　　그들은 시작했다 / 그것을 팔기를.　하지만 그들의
[6]Later, / farmers made tomato ketchup. [7]They began / to sell it. [8]But their

토마토케첩은 상했다　　/ 빠르게.
tomato ketchup went bad / fast.

그 후에 / Henry Heinz는 만들어 냈다 /　새로운 토마토케첩을.　　그는 첨가했다 /　식초와
[9]Then / Henry Heinz created / a new tomato ketchup. [10]He added / vinegar and

설탕을 / 그것에.　그의 케첩은 신선한 채로 있었다 /　일 년 내내!
sugar / to it. [11]His ketchup stayed fresh / for a whole year!

🌿 우리말 해석

맛있는 소스!

¹케첩은 토마토로 만들어져요. ²하지만 오래 전에, 케첩은 아시아에서 온 생선 소스였어요. ³그때 몇몇 영국 사람들이 아시아에서 케첩을 맛보았지요. ⁴그들도 그것을 만들고 싶었어요. ⁵그래서 그들은 버섯과 생선을 사용했어요.

⁶나중에, 농부들은 토마토케첩을 만들었어요. ⁷그들은 그것을 팔기 시작했지요. ⁸하지만 그들의 토마토케첩은 빨리 상했어요.

⁹그 후에 Henry Heinz가 새로운 토마토케첩을 만들었어요. ¹⁰그는 그것에 식초와 설탕을 첨가했어요. ¹¹그의 케첩은 일 년 내내 신선했답니다!

🌿 주요 문장 분석하기

¹Ketchup **is made from** tomatoes.
　　주어　　　동사

➡ 「is[are] made from+명사」는 '~으로 만들어지다'라는 의미이다.

⁴They wanted **to make** it, *too*.
　주어　 동사　　목적어

➡ 「want[wanted] to+동사원형」은 '~을 하기를 원하다[원했다]'라는 의미이다.

➡ to make은 '만드는 것'으로 해석하며, to make it은 동사 wanted의 목적어이다.

➡ too가 '~도(또한)'의 뜻일 때는 문장 맨 끝에 쓰인다.

⁸But their tomato ketchup **went** *bad* fast.
　　　　 주어　　　　 동사　보어

➡ 「go[went]+형용사」는 '(나쁜 상태로) ~되다[되었다]'라는 의미이다.

➡ 형용사 bad가 주어 their tomato ketchup을 보충 설명한다.

¹¹His ketchup **stayed** *fresh* for a whole year!
　주어　　　 동사　 보어

➡ 「stay[stayed]+형용사」는 '~인 채로 있다[있었다]'라는 의미이다.

➡ 형용사 fresh는 주어 His ketchup을 보충 설명한다.

Cow

01 Grandfather's Farm pp.50 ~ 53

| p. 51 **Check Up** | 1 ③ | 2 ② | 3 ① | 4 ⓐ: farm | ⓑ: cow |

| p. 52 **Build Up** | 1 (B) | 2 (C) | 3 (A) |

| p. 52 **Sum Up** | 3 → 1 → 2 → 4 |

p. 53 **Look Up**	A 1 farm	2 clean	3 fill
	B 1 move - 움직이다	2 weak - 약한	
	3 bucket - 양동이	4 easy - 쉬운	
	C 1 clean	2 visited	3 takes care of

Check Up

1 할아버지의 농장에서 있었던 일과 그에 대한 글쓴이 '나'의 느낌에 대해 쓴 글이므로 정답은 ③이다.

2 할아버지께서 농장의 어미 소가 새끼를 낳아서 도움이 필요하셨다고(My grandfather needed help ~.) 했으므로 정답은 ②이다.

3 글의 '나'는 농장을 청소했고(I cleaned the farm.), 어미 소의 우유로 양동이 하나를 채웠다고(I filled a bucket with milk.) 했다. 송아지를 돌본 사람은 '나'의 할아버지이므로(The baby cow was small and weak. My grandfather took care of it.) 정답은 ①이다.

4 오늘, 나는 할아버지의 ⓐ 농장에 방문해서 어미 ⓑ 소를 돌보았다.

Build Up

질문		대답
❶ 너는 어디에 갔니?	—	(B) 나는 할아버지의 농장에 갔어.
❷ 너는 그곳에 왜 갔니?	—	(C) 할아버지께서 내 도움이 필요하셨거든.
❸ 너는 그곳에서 무엇을 했니?	—	(A) 나는 어미 소를 돌보았어.

Sum Up

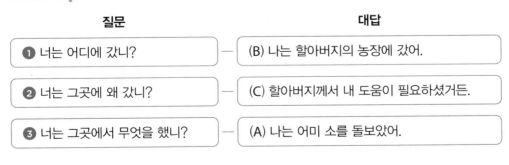

❸ 할아버지는 송아지가 약해서 그것을 돌보셨다. → ❶ 나는 어미 소를 돌보았다. 나는 농장도 청소했다. →

❷ 나는 우유가 필요했지만, 그 소는 계속 움직였다.

→

❹ 나는 그 소를 안고 다시 시도했다. 나는 우유로 양동이 하나를 채웠다.

⅙ 끊어서 읽기

오늘, / 나는 방문했다 / 내 할아버지의 농장을.　　　내 할아버지는 도움이 필요했다　//
¹Today, / I visited / my grandfather's farm. ²My grandfather needed help //

왜냐하면 어미 소가 낳았기 때문이다 / 송아지를.　　　송아지는 작고 약했다.　　　내
because a mother cow had / a baby cow. ³The baby cow was small and weak. ⁴My

할아버지는 그것을 돌보았다.　　　나는 돌보았다 /　어미 소를.　　나는 약간의 먹이를 주었다 /
grandfather took care of it. ⁵I took care of / the mother cow. ⁶I gave some food /

그 소에게.　　나는 농장을 청소했다.　나는 우유가 필요했다 /　그 소에게서.　　하지만 그 소는 계속
to the cow. ⁷I cleaned the farm. ⁸I needed milk / from the cow. ⁹But the cow kept

움직였다.　그래서 / 나는 그 소를 안았다 / 그리고 다시 시도했다.　나는 양동이 하나를 채웠다 / 우유로.
moving. ¹⁰So / I hugged the cow / and tried again. ¹¹I filled a bucket / with milk.

그것은 쉽지 않았다, // 하지만 나는 기분이 정말 좋았다.
¹²It wasn't easy, // but I felt great.

⅙ 우리말 해석

할아버지의 농장
¹오늘, 나는 할아버지의 농장을 방문했습니다. ²어미 소가 송아지를 낳았기 때문에 할아버지께서 도움이 필요하셨어요. ³송아지는 작고 약했습니다. ⁴할아버지께서 그것을 돌보셨어요. ⁵나는 어미 소를 돌보았어요. ⁶나는 그 소에게 먹이를 조금 주었습니다. ⁷나는 농장을 청소했어요. ⁸나는 그 소에게서 우유가 필요했어요. ⁹하지만 그 소는 계속 움직였습니다. ¹⁰그래서 나는 어미 소를 안고 다시 시도했어요. ¹¹나는 우유로 양동이 하나를 채웠어요. ¹²그것은 쉽지 않았지만, 나는 기분이 정말 좋았습니다.

⅙ 주요 문장 분석하기

²My grandfather needed help **because** a mother cow had a baby cow.
　　　주어　　　　　동사　목적어　　　　　　　　　주어′　　　동사′　목적어′
→ because는 '~ 때문에'의 의미를 나타내며, 뒤에 이유를 나타내는 문장을 연결한다.

⁹But the cow **kept moving**.
　　　주어　　　동사　　목적어
→ 「keep[kept]+동사원형+-ing」의 형태는 '~하는 것을 계속하다[했다]'라는 의미이다.
→ moving은 '움직이는 것'이라 해석하며, 동사 kept의 목적어이다.

¹²It wasn't easy, **but** I *felt* great.
주어1 동사1 보어1   주어2 동사2 보어2

→ but은 '하지만, 그러나'를 의미하며, 반대되는 문장과 문장을 연결해주는 접속사이다.

→ 「feel[felt]+형용사」는 '~하게 느끼다[느꼈다]'라는 의미이다.

02 Charging Bull

p. 55 **Check Up**	1 ②	2 ③	3 ③	4 ⓐ: put ⓑ: took	
p. 56 **Build Up**	ⓐ **name**	ⓑ **made**	ⓒ **Where**	ⓓ **park**	
p. 56 **Sum Up**	1 → 3 → 4 → 2				
p. 57 **Look Up**	A 1 **building**	2 **make**		3 **under**	
	B 1 **allow** - 허락하다	2 **weigh** - 무게가 ~이다		3 **finally** - 마침내	4 **take away** - 치우다
	C 1 **under**	2 **came**		3 **gifts**	

Check Up

1 뉴욕 시에 설치되어 있는 Charging Bull(돌진하는 황소 동상)에 대한 글이므로 정답은 ②이다.

2 매일 많은 사람들이 Charging Bull을 보러 오며(Many people come to see it every day.), 1989년 한 건물 밖에 처음 설치되었다고(In 1989, he put it ~, under a Christmas tree.) 했다. 뉴욕 시는 그 동상을 철거했다가 많은 사람들이 원하자, 그것을 다른 새로운 장소인 공원에 두었다고(Finally, the city brought it back, but in a new place.) 했으므로 정답은 ③이다.

3 Charging Bull의 무게(약 3,200kg)와 제작자(Arturo Di Modica)에 대한 내용은 있지만, 설치 비용에 대한 내용은 글에 없다.

4

> Arturo Di Modica는 Charging Bull을 크리스마스트리 아래에 ⓐ 두었다. 하지만 경찰은 그것을 ⓑ 치웠다.

Build Up

그것의 ⓐ 이름은 무엇인가?	그것은 Charging Bull이다.
누가 그것을 ⓑ 만들었는가?	Arturo Di Modica가 만들었다.
그것은 지금 ⓒ 어디에 있는가?	그것은 한 건물 밖에 있었다. 하지만 지금, 그것은 ⓓ 공원 안에 있다.

Sum Up

❶ Charging Bull은 한 건물 밖, 크리스마스 트리 아래에 있었다. →

❸ 경찰은 Charging Bull을 치웠다. →

❹ 많은 사람들이 Charging Bull을 되돌려 놓기를 원했다. →

❷ 도시는 Charging Bull을 공원에 두었다.

☙ 끊어서 읽기

Charging Bull은 뉴욕 시에 있다.　　　많은 사람들이 온다 / 그것을 보기 위해서 / 매일.
¹Charging Bull is in New York City. ²Many people come / to see it / every day.

그것은 매우 크다! 그것은 무게가 약 3,200kg이다.
³It is so big! ⁴It weighs about 3,200 kg.

누가 그 황소를 만들었는가? 그 사람은 Arturo Di Modica였다. 1989년에, / 그는 그것을 두었다 /
⁵Who made the bull? ⁶It was Arturo Di Modica. ⁷In 1989, / he put it / outside of

한 건물 밖에. / 　크리스마스트리 아래에. 　　그것은 크리스마스 선물이었다 / 뉴욕 시민들에게.
a building, / under a Christmas tree. ⁸It was a Christmas gift / to New Yorkers.

그 도시는 그것을 허락하지 않았다. 　　경찰이 그것을 치웠다. 　　하지만 많은 사람들이 원했다 /
⁹The city didn't allow it. ¹⁰The police took it away. ¹¹But many people wanted /

그것을 되돌려 놓기를.
it back.

마침내, / 　도시는 그것을 다시 가져왔다. / 하지만 새로운 장소에. 　그것은 공원 안에 있었다 /
¹²Finally, / the city brought it back, / but in a new place. ¹³It was in a park / this

이번에는.
time.

☙ 우리말 해석

Charging Bull(돌진하는 황소 상)
¹Charging Bull은 뉴욕 시에 있어요. ²매일 많은 사람들이 그것을 보기 위해서 옵니다. ³그것은 매우 커요! ⁴그것은 무게가 약 3,200kg이랍니다.
⁵누가 그 황소를 만들었을까요? ⁶Arturo Di Modica였답니다. ⁷1989년에, 그는 한 건물 밖에, 크리스마스트리 아래에 그것을 두었습니다. ⁸그것은 뉴욕 시민들에게 주는 크리스마스 선물이었습니다. ⁹그 도시는 그것을 허락하지 않았어요. ¹⁰경찰이 그것을 치웠답니다. ¹¹하지만 많은 사람들이 그것을 되돌려 놓기를 원했어요.
¹²마침내, 도시는 그것을 다시 가져왔지만, 새로운 장소에 두었지요. ¹³이번에 그것은 공원 안에 있었습니다.

🌾 주요 문장 분석하기

²<u>Many people</u> <u>come</u> **to see** it every day.
　　주어　　　동사

➜ to see는 목적을 나타내어 '보기 위해서'라고 해석한다.

¹⁰The police **took** it **away**.

➜ take away[took away]는 '치우다[치웠다]'라는 의미이다. it처럼 목적어가 대명사일 때는 took과 away 사이에 온다.

03	**Raju and the Farmer**	pp.58 ~ 61

p. 59 **Check Up**	1 ② 　 2 (a) ○ (b) ○ (c) × 　 3 ② 　 4 ⓐ: **took care of** 　 ⓑ: **made**
p. 60 **Build Up**	1 (C) 　 2 (A) 　 3 (B)
p. 60 **Sum Up**	2 → 1 → 4 → 3
p. 61 **Look Up**	A 1 **sell** 　　　 2 **sick** 　　　　 3 **money** B 1 **decide** - 결정하다 　 2 **better** - 나은 　 3 **become** - ~해지다 　 4 **owner** - 주인 C 1 **money** 　　 2 **sells** 　　　 3 **home**

Check Up

1 키우던 소를 버린 농부와 버려진 소를 거두어 키운 Raju가 촌장에게 물어봐 소의 진정한 주인을 가리는 이야기이다. 따라서 정답은 ②이다.

2 (a) 소가 아파서 우유가 나오지 않았다고(But it became sick and stopped making milk.) 했으므로 글의 내용과 맞다.

(b) Raju는 데려온 소의 우유를 팔아서 부유해졌다고(Raju sold the milk and became rich.) 했으므로 글의 내용과 맞다.

(c) 촌장은 소가 자신의 주인을 결정할 것이라고 말했으므로(The head said, "The cow will decide its owner.") 글의 내용과 틀리다.

3 밑줄 친 ⓐ는 '소는 Raju에게 갔다.'라는 의미이다. 이 문장 앞에서 촌장이 소가 그의 주인을 결정할 것이라고 한 것으로 보아, 소가 자신의 주인으로 Raju를 선택했음을 알 수 있다. 따라서 정답은 ②이다.

4
> Raju는 아픈 소를 ⓐ <u>돌보았고</u>, 그 소는 많은 우유를 ⓑ <u>만들었다</u>.

Build Up

❶ 농부	—	(C) '그 소는 아프다. 지금은 우유를 만들지 않아. 나는 그것을 버릴 거야.'
❷ Raju	—	(A) '그 소는 아파. 내가 그것을 돌볼 거야.'
❸ 촌장	—	(B) '그 소가 자신의 주인을 결정할 것이다.'

Sum Up

| ❷ 농부의 소는 우유 만들기를 멈췄다. 농부는 그것을 버렸다. | → | ❶ 그 소는 다시 우유를 만들었다. Raju는 그 우유를 팔아서 부유해졌다. | → |
| ❹ 그 농부는 다시 소를 원했다. 그와 Raju는 촌장에게 물었다. | → | ❸ 촌장은 "그 소가 자신의 주인을 결정할 것이다."라고 말했다. 그 소는 Raju에게 갔다. | |

✎ 끊어서 읽기

한 농부가 소를 갖고 있었다. 그는 얻었다 / 많은 우유를 / 그 소에게서. 그는 우유를 팔았다 /
¹A farmer had a cow. ²He got / lots of milk / from the cow. ³He sold the milk /

그리고 돈을 벌었다. 하지만 그것은 아팠다 / 그리고 우유 만들기를 멈췄다. 그는 그 소를
and made money. ⁴But it became sick / and stopped making milk. ⁵He threw out

버렸다.
the cow.

Raju는 그 소를 발견했다 / 그리고 그것을 집에 데려갔다. 그녀는 그것을 돌보았다. 그 소는 나아졌다.
⁶Raju found the cow / and took it home. ⁷She took care of it. ⁸The cow became

그것은 만들었다 / 많은 우유를 / 다시. Raju는 우유를 팔았다 / 그리고 부유해졌다.
better. ⁹It made / lots of milk / again. ¹⁰Raju sold the milk / and became rich.

농부는 들었다 / Raju에 대해. 그는 원했다 / 그의 소를 되돌려 받기를. 그와 Raju는
¹¹The farmer heard / about Raju. ¹²He wanted / his cow back. ¹³He and Raju

물었다 / 마을의 책임자에게. 그 책임자는 말했다. // "소가 결정할 것이다 / 그것의
asked / the head of the village. ¹⁴The head said, // "The cow will decide / its

주인을."
owner."

그 소는 Raju에게 갔다.
¹⁵The cow went to Raju.

🌿 우리말 해석

Raju와 농부

¹한 농부가 소를 갖고 있었어요. ²그는 그 소에게서 많은 우유를 얻었지요. ³그는 우유를 팔아서 돈을 벌었어요. ⁴하지만 그 소가 아파서 우유 만드는 것을 멈췄어요. ⁵그 농부는 그 소를 버렸답니다.

⁶Raju가 그 소를 발견하고 집으로 데려갔어요. ⁷그녀는 그것을 돌보았지요. ⁸그 소는 나아졌어요. ⁹그것은 다시 많은 우유를 만들었지요. ¹⁰Raju는 우유를 팔아서 부유해졌답니다.

¹¹농부가 Raju에 대해 들었어요. ¹²그는 자신의 소를 되돌려 받기를 원했지요. ¹³그와 Raju는 촌장에게 물었어요. ¹⁴촌장은 "소가 자신의 주인을 결정할 것이다."라고 말했습니다.

¹⁵그 소는 Raju에게 갔답니다.

🌿 주요 문장 분석하기

⁴But it **became** sick and **stopped** *making* milk.
　　　주어　동사1　보어1　　　동사2　　　목적어2

→ 「become[became]+형용사」는 '~해지다[해졌다]'라는 의미이다.

→ 「stop[stopped]+동사원형+-ing」의 형태는 '~하는 것을 멈추다[멈췄다]'라는 의미이다.

→ making milk는 '우유를 만드는 것'으로 해석하며, 동사 stopped의 목적어이다.

¹⁴The head said, "The cow will decide **its** owner."

→ its는 '그것의'라는 의미로 주어 The cow의 소유격이다.

04	**Cows: Giving Animals**			pp.62 ~ 65

p. 63 **Check Up**	1 ②	2 (a) × (b) ○ (c) ○	3 ②	4 ⓐ: important ⓑ: reasons
p. 64 **Build Up**	1 (C)	2 (B)	3 (A)	
p. 64 **Sum Up**	ⓐ important	ⓑ gods	ⓒ worked	ⓓ heavy
p. 65 **Look Up**	A 1 carry	2 heavy	3 pull	
	B 1 reason - 이유	2 link A with B - A를 B와 관련시키다		
	3 important - 중요한	4 treasure - 보물		
	C 1 works	2 helpful	3 carry	

Check Up

1 오래 전에는 소들이 중요해서 소고기를 먹지 않았다며, 소의 중요성에 대해 설명하는 글이므로 정답은 ②이다.

2 (a) 오래 전에는 사람들이 소고기를 먹지 않았다고(A long time ago, people didn't eat beef.) 했으므로 글의 내용과 틀리다.

(b) 로마와 인도에서는 사람들이 소를 신과 관련시켰다고(In Rome and India, people linked cows with gods.) 했으므로 글의 내용과 맞다.

(c) 농부들에게 소는 보물과도 같았다고(For farmers, cows were like treasure.) 했으므로 글의 내용과 맞다.

3 소는 우유를 제공하고(Farmers also got milk from cows.), 수레를 끌어서(And cows pulled the carts.) 도움이 된다고 했다. 하지만 소가 잡초를 제거한다는 내용은 없었다.

4
> 소는 매우 ⓐ 중요했고, 이것에는 몇 가지 ⓑ 이유가 있었다.

Build Up

❶ 로마와 인도에서는,	(C) 사람들이 소를 신과 관련시켰다.
❷ 농부들에게,	(B) 소는 그들을 위해 일했기 때문에 보물과도 같았다.
❸ 아시아에서는,	(A) 소는 무거운 수레를 끌었다.

Sum Up

> 오늘날, 많은 사람들은 소고기 먹는 것을 즐긴다. 하지만 오래 전에는, 사람들은 소고기를 먹지 않았다. 소는 그들의 삶에서 ⓐ 중요했다. 몇몇 나라에서는, 사람들은 소를 ⓑ 신과 관련시켰다. 또한, 소는 사람들을 위해 ⓒ 일했고 그들을 위해 ⓓ 무거운 수레를 끌었다. 그것들은 정말 도움이 되었다.

📖 끊어서 읽기

오늘날에, / 많은 사람들은 즐긴다 / 소고기 먹는 것을.   오래 전에, / 사람들은
¹These days, / many people enjoy / eating beef. ²A long time ago, / people

소고기를 먹지 않았다.   소는 매우 중요했다 / 그들의 삶에서.   몇 가지
didn't eat beef. ³Cows were very important / in their lives. ⁴There were some

이유가 있었다 / 그것에 대한.
reasons / for that.

로마와 인도에서는, / 사람들이 소를 신과 관련시켰다.   농부들에게, / 소는
⁵In Rome and India, / people linked cows with gods. ⁶For farmers, / cows were

보물과도 같았다.   소는 일했다 / 그들을 위해. 농부들은 또한 우유를 얻었다 / 소에게서.
like treasure. ⁷Cows worked / for them. ⁸Farmers also got milk / from cows.

아시아에서는, / 사람들은 무거운 물건들을 운반했다 / 수레 위에.   그리고 소들은 그 수레를 끌었다.
⁹In Asia, / people carried heavy things / on carts. ¹⁰And cows pulled the carts.

그것들은 정말 도움이 되었다.
[11]They were really helpful.

🌿 우리말 해석

소: 아낌없이 주는 동물

[1]오늘날, 많은 사람들이 소고기 먹는 것을 즐깁니다. [2]오래 전에, 사람들은 소고기를 먹지 않았습니다. [3]소들은 그들의 삶에서 매우 중요했어요. [4]그것에는 몇 가지 이유가 있었어요.

[5]로마와 인도에서는, 사람들이 소를 신과 관련지었어요. [6]농부들에게, 소는 보물과도 같았지요. [7]소는 그들을 위해 일했어요. [8]농부들은 또한 소에게서 우유를 얻었어요. [9]아시아에서는, 사람들이 수레 위에 무거운 물건들을 운반했습니다. [10]그리고 소가 그 수레를 끌었지요. [11]그것들은 정말 도움이 되었답니다.

🌿 주요 문장 분석하기

[1]These days, <u>many people</u> **enjoy** *eating* beef.
              주어   동사   목적어

→ 「enjoy+동사원형+-ing」의 형태는 '~하는 것을 즐기다'라는 의미이다.

→ eating은 '먹는 것'으로 해석하며, eating beef는 동사 enjoy의 목적어이다.

[4]**There were** *some reasons* [for that].

→ 「There are[were]+복수명사」는 '~가 있다[있었다]'라는 의미이다.

→ for that이 some reasons를 뒤에서 꾸며준다.

[5]***In*** Rome and India, people **linked** cows **with** gods.

→ 나라와 같이 큰 장소 앞에는 전치사 in을 쓴다.

→ 「link A with B」는 'A를 B와 관련시키다'라는 의미이다.

The Sun

CHAPTER 4

01   Māui vs. the Sun God   pp.68 ~ 71

p. 69 **Check Up**	1 ③ 2 (a) ○ (b) × (C) × 3 ③ 4 ⓐ: near ⓑ: caught
p. 70 **Build Up**	1 (B), (E) 2 (A), (C), (D)
p. 70 **Sum Up**	2 → 3 → 4 → 1
p. 71 **Look Up**	A 1 rope 2 hole 3 catch B 1 near - ~에 가까이 2 future - 미래 3 fast - 빠르게 4 travel - 이동하다; 여행하다 C 1 hit 2 caught 3 short

Check Up

1 반신반인 Māui가 사람들을 돕기 위해 태양의 신의 속도를 늦춰 낮을 충분히 길어지게 한 이야기이므로 정답은 ③이다.

2 (a) 태양의 신이 빠르게 이동하여 낮이 매우 짧았다고(~, the Sun God traveled fast. Daytime was very short.) 했으므로 글의 내용과 맞다.
(b) Māui가 아닌 태양의 신이 밤에 구덩이 안에서 잤다고(The Sun God slept in a hole at night.) 했으므로 글의 내용과 틀리다.
(c) 태양의 신은 Māui에게 속도를 늦출 것을 약속했고, 이후 낮이 충분히 길어졌다고(The Sun God promised to slow down in the future. From then, daytime became long enough.) 했으므로 Māui와의 약속을 지킨 것을 알 수 있다.

3 이동 속도를 늦춰 낮을 충분히 길게 만든 것은 태양의 신이므로 정답은 ③이다.

4   Māui는 구덩이에 ⓐ <u>가까이</u> 덫을 만들었다. 나중에, 그 덫은 태양의 신을 ⓑ <u>잡았다</u>.

Build Up

글의 내용에 맞게 태양의 신과 Māui에 대한 설명을 정리해본다.

❶ 태양의 신은 — (B) 빠르게 이동했다.   (E) 밤에 구덩이 안에서 잠을 잤다.

❷ Māui는 — (A) 반신반인이었다.   (C) 마법의 뼈와 밧줄을 가지고 있었다.

(D) 사람들을 돕고 싶어 했다.

Sum Up

❷ 낮이 매우 짧았다. 사람들은 많은 식량을 재배할 수 없었다. → ❸ Māui는 자신의 마법의 뼈와 밧줄을 가지고 태양의 신에게 갔다. →

❹ Māui는 자신의 밧줄로 덫을 만들어 태양의 신을 잡았다. → ❶ Māui는 태양의 신을 자신의 마법의 뼈로 때렸다. 태양의 신은 속도를 늦추기로 약속했다.

끊어서 읽기

옛날에, / 태양의 신이 빠르게 이동했다. 낮이 매우 짧았다.
[1]In the old days, / the Sun God traveled fast. [2]Daytime was very short.

사람들은 재배할 수 없었다 / 많은 식량을.
[3]People couldn't grow / much food.

반신반인, Māui는 원했다 / 사람들을 돕기를. 그는 태양의 신에게 갔다 / 그의
[4]A demi-god, Māui, wanted / to help people. [5]He went to the Sun God / with his

마법의 뼈와 밧줄을 가지고. 태양의 신은 잤다 / 구덩이 안에서 / 밤에. Māui는 덫을
magic bone and rope. [6]The Sun God slept / in a hole / at night. [7]Māui made

만들었다 / 그 구덩이 가까이에 / 그의 밧줄로.
a trap / near the hole / with his rope.

태양의 신이 밖으로 나왔을 때, // 그 덫이 그를 잡았다. Māui는 태양의 신을 때렸다
[8]When the Sun God came outside, // the trap caught him. [9]Māui hit the Sun

/ 그의 마법의 뼈로. 태양의 신은 약속했다 / 속도를 늦추기를 / 앞으로는.
God / with his magic bone. [10]The Sun God promised / to slow down / in the

그때부터, / 낮은 충분히 길어졌다.
future. [11]From then, / daytime became long enough.

우리말 해석

Māui vs. 태양의 신
[1]옛날에, 태양의 신이 빠르게 이동했어요. [2]낮이 매우 짧았습니다. [3]사람들은 많은 식량을 재배할 수 없었죠.
[4]반신반인 Māui는 사람들을 돕고 싶었어요. [5]그는 자신의 마법의 뼈와 밧줄을 가지고 태양의 신에게 갔어요. [6]태양의 신은 밤에 구덩이 안에서 잠을 잤어요. [7]Māui는 그의 밧줄로 그 구덩이 가까이에 덫을 만들었답니다.
[8]태양의 신이 밖으로 나왔을 때, 그 덫은 그를 잡았어요. [9]Māui는 그의 마법의 뼈로 태양의 신을 때렸습니다. [10]태양의 신은 앞으로는 속도를 늦추겠다고 약속했어요. [11]그때부터, 낮이 충분히 길어졌답니다.

🌾 주요 문장 분석하기

³<u>People</u> **couldn't** grow <u>much food</u>.
　　主어　　　　동사　　　　　목적어

→ couldn't는 could not의 줄임말이며 '~할 수 없었다'의 의미이다. couldn't 뒤에는 동사원형이 온다.

⁷<u>Māui</u> <u>made</u> ***a trap*** [near the hole] **with** his rope.
　주어　　동사　　　　목적어

→ near the hole은 a trap을 뒤에서 꾸며준다.
→ with는 '~로'라는 의미의 전치사이며, 도구나 수단을 나타낼 때 사용한다.

⁸**When** <u>the Sun God</u> <u>came</u> outside, <u>the trap</u> <u>caught</u> <u>him</u>.
　　　　　주어′　　　동사′　　　　　　주어　　　동사　　목적어

→ When은 '~할 때'라는 의미로 문장과 문장을 연결하는 시간을 나타내는 접속사이다.

¹⁰<u>The Sun God</u> <u>promised</u> **to slow down** in the future.
　　主어　　　　동사　　　　　목적어

→ to slow down은 '속도를 늦추는 것'으로 해석한다.
→ to slow down in the future는 동사 promised의 목적어이다.

¹¹From then, <u>daytime</u> **became** *long enough*.
　　　　　주어　　　동사　　　보어

→ 「become[became]+형용사」는 '~해지다[해졌다]'라는 의미이다.
→ enough는 형용사 long을 뒤에서 꾸며주며, long enough가 주어 daytime을 보충 설명한다.

02　Teotihuacán　　　　　　　　　　　pp.72 ~ 75

p. 73 **Check Up**	1 ②	2 (a) ✕ (b) ○ (c) ○	3 ③	4 ⓐ: city ⓑ: pyramid

p. 74 **Build Up**	1 (B)	2 (C)	3 (A)

p. 74 **Sum Up**	ⓐ built	ⓑ everything	ⓒ found	ⓓ visit

p. 75 **Look Up**	A 1 build	2 stadium	3 tourist
	B 1 surprised - 놀란	2 century - 100년, 세기	
	3 mean - ~라는 의미이다	4 so - 너무	
	C 1 called	2 built	3 left

Check Up

1 멕시코의 매우 오래된 도시인 테오티와칸과 그곳에 있는 피라미드에 대한 글이므로 정답은 ②이다.

2 (a) 아즈텍 족이 그 도시를 발견해서 테오티와칸이라고 이름 지었다고(After centuries, the Aztecs found the city. They called the city "Teotihuacán.") 했으므로 글의 내용과 틀리다.

(b) 700년대에 일어난 화재가 모든 것을 파괴했다고(But in the 700s, a fire destroyed everything.) 했으므로 글의 내용과 맞다.

(c) 테오티와칸은 '신들의 도시'라는 의미라고(It means "the city of the gods.") 했으므로 글의 내용과 맞다.

3 태양의 피라미드는 경기장 크기의 약 일곱 배라고 했으므로 정답은 ③이다. 태양의 피라미드의 건축 연도나 하루에 방문하는 관광객 수에 대한 내용은 글에 없다.

4 멕시코에서, 아즈텍 족은 매우 오래된 ⓐ 도시와 ⓑ 피라미드를 발견했다.

Build Up

질문		대답
❶ 누가 테오티와칸을 발견했는가?	—	(B) 아즈텍 족이 그 도시를 발견했다.
❷ 테오티와칸에 있는 피라미드의 이름은 무엇인가?	—	(C) 아즈텍 족은 그것을 '태양의 피라미드'라고 이름 지었다.
❸ 그 피라미드는 얼마나 큰가?	—	(A) 그것은 경기장 크기의 약 일곱 배이다.

Sum Up

테오티와칸의 역사

먼 옛날에, – 사람들은 도시 안에 피라미드를 ⓐ 지었다.

700년대에, – 화재가 ⓑ 모든 것을 파괴했고, 모두가 그 도시를 떠났다.

수세기 후에, – 아즈텍 족이 그 도시를 ⓒ 발견했다. 그들은 그 도시를 '테오티와칸'이라 이름 지었다.

오늘날, – 그곳은 멕시코에 있으며, 많은 관광객들이 피라미드를 ⓓ 방문한다.

⚡ 끊어서 읽기

테오티와칸은 매우 오래된 도시이다 / 멕시코에 있는.　먼 옛날에, / 사람들은 피라미드를 지었다 /
¹Teotihuacán is a very old city / in Mexico. ²Long ago, / people built pyramids /

그 도시 안에.　하지만 700년대에, / 화재가 모든 것을 파괴했다.　모두가 그 도시를 떠났다.
in the city. ³But in the 700s, / a fire destroyed everything. ⁴Everyone left the city.

수백 년 후에, / 아즈텍 족이 그 도시를 발견했다. 그들은 그 도시를 이름 지었다 / '테오티와칸'이라고.
⁵After centuries, / the Aztecs found the city. ⁶They called the city / "Teotihuacán."

그것은 ~라는 의미이다 / '신들의 도시'. 그들은 또한 피라미드를 발견했다. 그들은 그것을 이름 지었다 /
⁷It means / "the city of the gods." ⁸They also found a pyramid. ⁹They called it /

'태양의 피라미드'라고.
"the Pyramid of the Sun."

오늘날, / 많은 관광객들이 그 피라미드를 방문한다. 사람들은 놀란다 // 그것이 매우
¹⁰Today, / many tourists visit the pyramid. ¹¹People are surprised // because it is

크기 때문에. 그것은 약 일곱 배이다 / 경기장 크기의!
so big. ¹²It's about 7 times / the size of a stadium!

🌿 우리말 해석

테오티와칸
¹테오티와칸은 멕시코에 있는 매우 오래된 도시입니다. ²먼 옛날에, 사람들은 그 도시 안에 피라미드를 지었어요. ³하지만 700년대에, 화재가 모든 것을 파괴했어요. ⁴모두가 그 도시를 떠났답니다.
⁵수백 년 후에, 아즈텍 족이 그 도시를 발견했어요. ⁶그들은 그 도시를 '테오티와칸'이라고 이름 지었습니다. ⁷그것은 '신들의 도시'라는 의미예요. ⁸그들은 또한 피라미드도 발견했어요. ⁹그들은 그것을 '태양의 피라미드'라고 이름 지었지요.
¹⁰오늘날, 많은 관광객들이 그 피라미드를 방문합니다. ¹¹사람들은 그것이 매우 크기 때문에 깜짝 놀라요. ¹²그것은 경기장 크기의 약 일곱 배나 돼요!

🌿 주요 문장 분석하기

³But **in the 700s**, a fire destroyed everything.
　　　　　　　　　주어　　동사　　목적어
→ in the 700s는 '700년대에'라는 의미이다.

⁶They **called** the city "Teotihuacán."
주어　동사　목적어　　　보어
→ 「call[called] A B」는 'A를 B라고 이름 짓다[지었다]'라는 의미이다.
→ "Teotihuacán"은 목적어 the city를 보충 설명해 준다.

¹¹People are surprised **because** it is *so* big.
주어　동사　보어　　　　주어'동사'　보어'
→ because는 '~하기 때문에'라는 의미로, 두 개의 문장을 연결하는 접속사이다.
→ so는 '매우, 대단히'라는 의미이며, 형용사 big을 꾸며준다.

¹²It's about 7 **times the size of** a stadium!
→ 「~ times the size of+명사」는 '… 크기의 ~배'라는 표현이다.

p. 77 **Check Up**	**1** ①	**2** (a) ✕ (b) ◯ (c) ✕		**3** ③	**4** ⓐ: stories ⓑ: fox
p. 78 **Build Up**	ⓐ mountains	ⓑ makes		ⓒ lift up	ⓓ catch
p. 78 **Sum Up**	ⓐ foxes	ⓑ different		ⓒ brush	ⓓ snowflakes
p. 79 **Look Up**	**A** 1 run		2 tail		3 snowflake
	B 1 light up - 환하게 만들다		2 mountain - 산		
	3 through - ~을 지나서		4 go into - ~에 들어가다		
	C 1 create		2 different		3 lift

Check Up

1 '여우 불'이라고도 불리는 오로라와 관련된 두 가지 전설에 관한 내용이므로 정답은 ①이다.

2 (a) 핀란드에서는 오로라가 또 다른 이름을 갖고 있다고(Aurora has another name in Finland. It's "fox fire.") 했으며, 다른 나라에 대한 내용은 없으므로 글의 내용과 틀리다.

(b) 오로라는 '여우 불'이라고도 불리며, 옛날이야기 속에서는 불여우들이 여우 불을 만든다고(In old stories, fire foxes made fox fires.) 했으므로 글의 내용과 맞다.

(c) 불여우는 자신의 꼬리로 눈송이를 위로 들어올린다고(But their tails lift up snowflakes.) 했으므로 글의 내용과 틀리다.

3 오로라가 생기는 이유와 관련된 두 개의 이야기를 소개하는 내용이다. 첫 번째 이야기에서는 불여우의 꼬리가 산을 스쳐서 불꽃을 만들어 내고, 이 불꽃들이 하늘을 밝힌다고 했다. 두 번째 이야기에서는 불여우의 꼬리가 눈송이를 위로 들어올렸다고 했지만, 눈사람에 대한 내용은 없었다. 따라서 정답은 ③이다.

4 ⓑ 여우 불에 대해 두 개의 다른 ⓐ 이야기들이 있다.

Build Up

	등장인물	배경	오로라가 생기는 과정
이야기 1	불여우들	하늘에서	• 그들의 꼬리가 ⓐ 산을 스친다. • 그것은 불꽃을 ⓑ 만들고, 그 불꽃이 하늘을 환하게 만든다.
이야기 2	불여우들	눈 속에서	• 그들의 꼬리가 눈송이를 ⓒ 위로 들어올린다. • 눈송이는 하늘로 들어가서, 달빛을 ⓓ 받는다.

Sum Up

> 핀란드에서는 오로라가 다른 이름을 가지고 있다. 그것은 '여우 불'이다. 옛날이야기에서, 여우 불은 ⓐ 불여우들 때문에 생겼다. 하지만 이야기들은 ⓑ 다르다. 하나의 이야기에서는, 불여우들이 그들의 꼬리로 산을 ⓒ 스친다. 다른 이야기에서는, 불여우들이 눈 속에서 달리고, 그들의 꼬리가 ⓓ 눈송이를 위로 들어올린다.

⅍ 끊어서 읽기

오로라는 가지고 있다 / 다른 이름을 / 핀란드에서.　그것은 '여우 불'이다.　옛날이야기들에서, /
¹Aurora has / another name / in Finland. ²It's "fox fire." ³In old stories, /

불여우들은 만들었다 / 여우 불을.　　두 개의 다른 이야기가 있다　/ 그것들에 대한.
fire foxes made / fox fires. ⁴There are two different stories / about them.

　한 이야기에서, / 불여우들이 달린다 /　하늘을 지나서.　그들은 달린다 / 빠르게.　그들의 꼬리가
⁵In one story, / fire foxes run / through the sky. ⁶They run / fast. ⁷Their tails

　　산을 스친다.　　그것은 불꽃을 만든다. // 그리고 그 불꽃이 / 하늘을 환하게 만든다.
brush the mountains. ⁸It makes sparks, // and those sparks / light up the sky.

　　다른 이야기에서, /　불여우들은 달린다 /　눈 속에서.　하지만 그들의 꼬리가 눈송이를
⁹In the other story, / the fire foxes run / in the snow. ¹⁰But their tails lift up

위로 들어올린다.　눈송이들은 하늘로 들어간다.　　그것들이 달빛을 받는다 / 그리고
snowflakes. ¹¹The snowflakes go into the sky. ¹²They catch the moonlight / and

오로라를 만들어 낸다.
create auroras.

⅍ 우리말 해석

여우 불

¹오로라는 핀란드에서 다른 이름이 있어요. ²그것은 '여우 불'이랍니다. ³옛날이야기들에서, 불여우들이 여우 불을 만들었어요. ⁴그것들에 대한 두 개의 다른 이야기가 있답니다.
⁵한 이야기에서, 불여우들은 하늘을 지나 달립니다. ⁶그들은 빠르게 달려요. ⁷그들의 꼬리가 산을 스칩니다. ⁸그것은 불꽃을 만들고, 그 불꽃이 하늘을 환하게 만들어요.
⁹다른 이야기에서, 불여우들은 눈 속에서 달립니다. ¹⁰그런데 그들의 꼬리가 눈송이를 위로 들어올려요. ¹¹눈송이들은 하늘로 들어가요. ¹²그것들이 달빛을 받아서 오로라를 만들어 낸답니다.

⅍ 주요 문장 분석하기

⁴**There are** *two different stories* [about them].
→ 「There are+복수명사」는 '~가 있다'라는 의미이다.

→ about them이 two different stories를 뒤에서 꾸며준다.

^{8}It makes sparks, **and** those sparks light up the sky.
주어1 동사1　목적어1　　　　　주어2　　　동사2　　목적어2

→ 두 개의 문장이 접속사 and로 연결되어있다.

04 How's the Weather? pp.80 ~ 83

p. 81 **Check Up**	1 ②	2 (a)✕ (b)○ (c)✕		3 ②	4 ⓐ: weather ⓑ: calm

p. 82 **Build Up**	ⓐ **creates**	ⓑ **stops**	ⓒ **power**	ⓓ **breaks**
	1 → 3 → 2			

p. 82 **Sum Up**	ⓐ **calm**	ⓑ **happens**	ⓒ **Everything**	ⓓ **dangerous**

p. 83 **Look Up**	A 1 **weather**	2 **worry**		3 **strong**
	B 1 **happen** - 일어나다	2 **rain** - 비가 오다		
	3 **dangerous** - 위험한	4 **astronaut** - 우주비행사		
	C 1 **strong**	2 **weather**		3 **worry**

Check Up

1 지구에 미치는 영향과 태양 폭풍을 예시로 들며, 우주 날씨의 특징에 대해 소개하는 내용이므로 정답은 ②
이다.

2 (a) 대부분의 우주 날씨가 고요하기 때문에, 지구에는 별 일이 일어나지 않는다고(Nothing much happens on Earth.) 하였으므로 글의 내용과 틀리다.
(b) 태양은 때때로 매우 강한 바람을 만든다고(But sometimes the Sun creates a very strong wind.) 했으므로 글의 내용과 맞다.
(c) 태양 폭풍은 우주에 있는 우주비행사들에게 위험하다고(Solar storms are also dangerous for the astronauts in space.) 하였으므로 글의 내용과 틀리다.

3 태양 폭풍이 일어나면 인공위성이 고장 날 수 있고, 그로 인해 지구에서 일어날 일에 대해 설명하고 있으므로 정답은 ②이다. 지구 날씨의 특징이나 우주비행사의 역할에 대한 내용은 글에 없다.

4
> 우주에는 ⓐ 날씨가 있으며, 대부분의 우주 날씨는 매우 ⓑ 고요하다.

Build Up

태양 폭풍의 영향을 순서에 맞게 정리한다.

❶ 태양이 매우 강한 바람을 ⓐ 만들어 낸다. 태양 폭풍이 일어난다. → ❸ 폭풍은 우주에 있는 인공위성들을 ⓓ 고장 낸다. → ❷ 지구에 있는 모든 것이 ⓑ 멈춘다. ⓒ 전기도 인터넷도 없다.

Sum Up

대부분 우주 날씨는 매우 ⓐ 고요해서 지구에선 별 일이 일어나지 않는다. 하지만 때때로 태양 폭풍이 ⓑ 일어난다. 그것은 우주에 있는 인공위성들을 고장 낼 수 있다. 지구에 있는 ⓒ 모든 것이 멈출 것이다. 태양 폭풍은 또한 우주에 있는 우주비행사들에게도 ⓓ 위험하다.

끊어서 읽기

우리는 날씨가 있다 / 지구에.　～는 어떤가 / 우주에서?　바람이 부는가 / 우주에서?
¹We have weather / on Earth. ²How about / in space? ³Is it windy / in space?

비가 오는가 / 우주에서?　그렇다. / 우주는 날씨가 있다, / ～도!
⁴Does it rain / in space? ⁵Yes, / space has weather, / too!

대부분의 우주 날씨는 매우 고요하다.　별 일은 일어나지 않는다 / 지구에서.　그러니
⁶Most space weather is very calm. ⁷Nothing much happens / on Earth. ⁸So don't

걱정하지 마라 / 우주 날씨에 대해.
worry / about space weather.

하지만 때때로 / 태양은 만들어 낸다 / 매우 강한 바람을.　태양 폭풍이 일어날 수 있다.
⁹But sometimes / the Sun creates / a very strong wind. ¹⁰A solar storm can

그것은 인공위성을 고장 낼 수 있다 / 우주에 있는.　그러면 지구에 있는 모든 것이 / 멈출 것이다.
happen. ¹¹It can break satellites / in space. ¹²Then everything on Earth / will stop.

전기나 인터넷이 없을 것이다.　태양 폭풍은 또한 위험하다 /
¹³There will be no power or Internet. ¹⁴Solar storms are also dangerous / for

우주비행사들에게 / 우주에 있는.
the astronauts / in space.

우리말 해석

날씨가 어때요?

¹지구상에는 날씨가 있어요. ²우주에서는 어떨까요? ³우주에 바람이 불까요? ⁴우주에 비가 올까요? ⁵그래요, 우주에도 날씨가 있답니다!

⁶대부분의 우주 날씨는 매우 고요해요. ⁷지구에는 별 일이 일어나지 않아요. ⁸그러니 우주 날씨에 대해서는 걱정하지 마세요.

⁹하지만 때때로 태양은 매우 강한 바람을 만들어 내요. ¹⁰태양 폭풍이 발생할 수 있어요. ¹¹그것은 우주에 있는 인공위성을 고장 낼 수도 있어요. ¹²그러면 지구에 있는 모든 것이 멈출 거예요. ¹³전기나 인터넷도 없어질 테고요. ¹⁴태양 폭풍은 또한 우주에 있는 우주비행사들에게 위험하답니다.

🌿 주요 문장 분석하기

⁷**Nothing** *much* happens on Earth.

　　주어　　　　　동사

→ nothing과 같이 -thing으로 끝나는 대명사는 형용사가 뒤에서 꾸며준다.

¹¹**It can break** *satellites* [in space].

주어　　동사　　　　　목적어

→ in space는 앞의 satellites를 뒤에서 꾸며준다.

¹³**There will be no** power *or* Internet.

→ 「There will be no+명사」는 '~이 없을 것이다'라는 의미이다.

→ or는 '또는'이라는 의미로 명사 power와 Internet을 연결한다.

Slowness

01 My Special Pet

p. 87 **Check Up**	1 ①	2 (a) ○ (b) ✕ (c) ✕	3 ③	4 ⓐ: waited ⓑ: slowly
p. 88 **Build Up**	ⓐ walk	ⓑ waited for	ⓒ said hi	ⓓ looked at
p. 88 **Sum Up**	ⓐ fast	ⓑ slowly	ⓒ walk	ⓓ smelled ⓔ enjoyed

p. 89 **Look Up**

A 1 pet   2 smell   3 wait for

B 1 slow - 느린   2 different - 다른

    3 neighbor - 이웃   4 everything - 모든 것

C 1 walk   2 smelled   3 slowly

Check Up

1 모든 것을 빠르게 하는 Alice가 모든 것을 천천히 하는 반려동물과 산책하면서 느낀 즐거움에 대해 설명하는 내용이므로 정답은 ①이다.

2 (a) Alice는 모든 것을 빨리했다고(Alice did everything fast.) 했으므로 글의 내용과 맞다.
(b) Alice는 어느 날 저녁에 나무늘보를 산책하러 데리고 갔다고(One evening, she took the sloth for a walk.) 했으므로 글의 내용과 틀리다.
(c) Alice는 산책하면서 하늘에 있는 별을 보았다고(She also looked at the stars in the sky.) 했지만, 새를 보았다는 내용은 없으므로 글의 내용과 틀리다.

3 Alice의 반려동물의 종류는 나무늘보이며(her pet sloth), 그것의 특징은 모든 것을 천천히 했다고(The sloth did everything slowly.) 했지만, 그 반려동물의 이름에 관한 내용은 글에 없다.

4   Alice는 나무늘보를 ⓐ 기다리면서 ⓑ 천천히 하는 것을 즐겼다.

Build Up

Alice가 나무늘보와 저녁에 산책하면서 한 일에 대해 정리해 본다.

Alice는 나무늘보를 ⓐ 산책하러 데리고 갔다.

나무늘보가 너무 느려서 그녀는 그것을 ⓑ 기다렸다.	그녀는 자신의 이웃들을 보고 그들에게 ⓒ 인사했다.	그녀는 하늘의 별들을 ⓓ 보았다.

Sum Up

Alice는 모든 것을 ⓐ 빨리했다. 하지만 그녀의 반려동물 나무늘보는 모든 것을 ⓑ 천천히 했다. Alice는 나무늘보를 ⓒ 산책하러 데리고 갔다. 그녀는 자신의 이웃들을 보고 그들에게 말을 걸었다. 그 후에, 그녀는 꽃 ⓓ 향기를 맡고 별들을 보았다. Alice는 그녀의 반려동물처럼 천천히 하는 것을 ⓔ 즐겼다.

⚝ 끊어서 읽기

Alice는 모든 것을 빨리했다.   그녀는 빨리 먹었다 / 그리고 빨리 걸었다.   하지만 / 그녀의 반려동물
¹Alice did everything fast. ²She ate fast / and walked fast. ³But / her pet sloth

나무늘보는 달랐다.   그 나무늘보는 모든 것을 천천히 했다.
was different. ⁴The sloth did everything slowly.

어느 날 저녁,   / 그녀는 나무늘보를 산책하러 데리고 갔다.   나무늘보는 매우 느렸다.   Alice는
⁵One evening, / she took the sloth for a walk. ⁶The sloth was so slow. ⁷Alice

나무늘보를 기다렸다.   그때 그녀는 보았다 / 그녀의 이웃들을.   그녀는 인사했다 / 그리고 그들에게
waited for the sloth. ⁸Then she saw / her neighbors. ⁹She said hi / and talked

말을 걸었다.   그 후에,   / 그녀는 꽃향기를 맡았다.   그녀는 또한 보았다   / 하늘에 있는 별들을.
to them. ¹⁰After that, / she smelled flowers. ¹¹She also looked at / the stars in

Alice는 즐겼다 /   천천히 하는 것을.
the sky. ¹²Alice enjoyed / doing things slowly.

⚝ 우리말 해석

나의 특별한 반려동물

¹Alice는 모든 것을 빨리했습니다. ²그녀는 빨리 먹고 빨리 걸었어요. ³하지만 그녀의 반려동물인 나무늘보는 달랐습니다. ⁴나무늘보는 모든 것을 천천히 했거든요.

⁵어느 날 저녁, 그녀는 나무늘보를 산책하러 데리고 갔어요. ⁶나무늘보는 매우 느렸어요. ⁷Alice는 나무늘보를 기다렸어요. ⁸그때 그녀는 자신의 이웃들을 보았어요. ⁹그녀는 이웃들에게 인사하고 말을 걸었어요. ¹⁰그 후에, 그녀는 꽃향기를 맡았어요. ¹¹그녀는 또한 하늘의 별들을 바라보았어요. ¹²Alice는 천천히 하는 것을 즐겼습니다.

⚝ 주요 문장 분석하기

¹¹She also looked at *the stars* [in the sky].
주어 ┊ 동사 ┊ 목적어

→ in the sky는 앞에 있는 the stars를 뒤에서 꾸며준다.

¹²Alice **enjoyed** *doing* things slowly.
주어   동사   목적어

→ 「enjoy[enjoyed]＋동사원형＋-ing」의 형태는 '~하는 것을 즐기다[즐겼다]'라는 의미이다.

→ doing은 '하는 것'이라 해석하며, doing things slowly는 동사 enjoyed의 목적어이다.

02 Slow Sloth
pp.90 ~ 93

p. 91 **Check Up**	1 ③	2 (a) ○ (b) × (c) ○	3 ③	4 ⓐ: **move** ⓑ: **protects**
p. 92 **Build Up**	ⓐ **sleep**	ⓑ **a day**	ⓒ **once**	ⓓ **a tree**
p. 92 **Sum Up**	ⓐ **sloth**	ⓑ **slowest**	ⓒ **slowness**	ⓓ **tree** ⓔ **down**
p. 93 **Look Up**	A 1 **leaf**	2 **step**	3 **protect**	

Look Up
B 1 **move** - 이동하다; 움직이다 2 **human** - 사람
3 **sleep** - (잠을) 자다 4 **slowness** - 느림
C 1 **sometimes** 2 **once** 3 **protects**

Check Up

1 나무늘보의 먹이, 수면 시간, 사는 곳 등에 대해서 설명하고 있으므로 알맞은 정답은 ③이다.

2 (a) 나무늘보는 나무에서 하루에 20시간 동안 잔다고(~ sleep for 20 hours a day in trees.) 했으므로 글의 내용과 맞다.

(b) 나무늘보는 하루에 약 35미터, 사람 걸음으로 45걸음 정도를 이동한다고(Sloths move about 35 meters a day. That's about 45 steps of a human.) 했으므로 글의 내용과 틀리다.

(c) 나무늘보는 많이 움직이지 않아서 몸에 녹조류가 자라고, 그것 때문에 나무의 일부처럼 보인다고 (Because they don't move much, algae grows on them. They look like part of a tree, ~.) 했으므로 글의 내용과 맞다.

3 나무늘보는 나무에 살면서 나뭇잎을 먹고 거기에서 잔다고 했으며, 용변을 볼 때만 나무에서 내려온다고 (They only come down from the trees when they go to the bathroom once a week.) 했으므로 정답은 ③이다.

4 나무늘보는 많이 ⓐ 움직이지 않으며, 때때로 그들의 느림이 그들을 ⓑ 보호한다.

Build Up

세계에서 가장 느린 동물 중 하나인 나무늘보에 관한 세부 정보들을 정리해 본다.

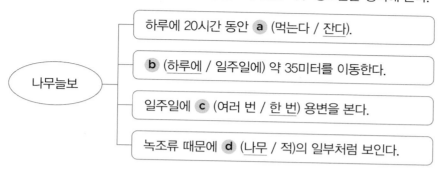

나무늘보

- 하루에 20시간 동안 **a** (먹는다 / 잔다).
- **b** (하루에 / 일주일에) 약 35미터를 이동한다.
- 일주일에 **c** (여러 번 / 한 번) 용변을 본다.
- 녹조류 때문에 **d** (나무 / 적)의 일부처럼 보인다.

Sum Up

안녕하세요. 저는 **a** 나무늘보예요. 저는 세계에서 **b** 가장 느린 동물들 중 하나예요. 하지만 저의 **c** 느림은 때때로 저를 보호해요. 저는 **d** 나무에서 하루의 대부분을 보내요. 저는 그곳에서 먹고 자거든요. 저는 용변을 볼 때만 **e** 내려온답니다.

끊어서 읽기

나무늘보는 ~이다 / 가장 느린 동물들 중 하나 / 세계에서. 그들은 나뭇잎을 먹는다 / 그리고
[1]The sloth is / one of the slowest animals / in the world. [2]They eat leaves / and

잔다 / 하루에 20시간 동안 / 나무에서. 그들은 오직 내려온다 / 나무에서 //
sleep / for 20 hours a day / in trees. [3]They only come down / from the trees //

그들이 용변을 볼 때 / 일주일에 한 번.
when they go to the bathroom / once a week.

나무늘보는 이동한다 / 하루에 약 35미터를. 그것은 대략 ~이다 / 사람의 45걸음.
[4]Sloths move / about 35 meters a day. [5]That's about / 45 steps of a human.

때때로 / 그들의 느림이 그들을 보호한다. 그들이 많이 움직이지 않기 때문에, //
[6]Sometimes / their slowness protects them. [7]Because they don't move much, //

녹조류가 그들 위에 자란다. 그들은 ~처럼 보인다 / 나무의 일부, // 그리고 그들의 적들은
algae grows on them. [8]They look like / part of a tree, // and their enemies

때때로 그들을 놓친다.
sometimes miss them.

🌿 우리말 해석

느린 나무늘보

¹나무늘보는 세계에서 가장 느린 동물들 중 하나입니다. ²그들은 나무에서 나뭇잎을 먹고 하루에 20시간을 잡니다. ³그들은 일주일에 한 번 용변을 볼 때만 나무에서 내려옵니다.

⁴나무늘보는 하루에 약 35미터를 이동합니다. ⁵그것은 사람 걸음으로 약 45걸음입니다. ⁶그러나 때때로 그들의 느림은 그들을 보호해 줍니다. ⁷그들이 많이 움직이지 않기 때문에, 녹조류가 그들의 몸에 자랍니다. ⁸그들은 나무의 일부처럼 보여서, 그들의 적들은 때때로 그들을 놓칩니다.

🌿 주요 문장 분석하기

¹The sloth is **one of *the slowest animals*** [in the world].
　　주어　동사　　　　　　　　　　보어

→ 「one of+복수명사」는 '~ 중 하나'의 의미이다.

→ the slowest는 '가장 느린'이라는 의미로 형용사 slow의 최상급 표현이다.

→ in the world는 앞의 the slowest animals를 뒤에서 꾸며준다.

³They only come down from the trees **when** they go to the bathroom ***once a week***.
　주어　　　　동사　　　　　　　　　　　　주어'동사'

→ when은 '~할 때'라는 의미로 문장과 문장을 연결해 주는 접속사이다.

→ 정확한 횟수를 나타내는 빈도 표현은 문장 맨 끝에 온다.

⁶**Sometimes** their slowness protects them.

⁸~, and their enemies **sometimes** miss them.

→ sometimes는 '때때로'라는 의미의 빈도부사이다.

→ 빈도부사는 주로 일반동사 앞에 오지만, 문장 전체를 강조할 때는 문장 맨 앞에 오기도 한다.

⁸They **look like** part of a tree, and ~.

→ 「look like+명사」는 '~처럼 보이다'라는 의미이다.

p. 95 **Check Up**	1 ③	2 (a) ○ (b) × (c) ×	3 ②	4 ⓐ: answer ⓑ: got

p. 96 **Build Up**	1 (C)	2 (A)	3 (B)

p. 96 **Sum Up**	ⓐ fast	ⓑ Walk	ⓒ picked up	ⓓ late

p. 97 **Look Up**	A 1 basket	2 pick up	3 fall
	B 1 again - 다시	2 get - 도착하다	
	3 young - 젊은	4 finally - 마침내	
	C 1 fell	2 answer	3 late

Check Up

1 젊은이가 노인의 충고를 듣지 않고 계속 서두르다가 오히려 밤늦게 집에 도착했다는 이야기이므로 정답은 ③이다.

2 (a) 젊은이는 사과 한 바구니를 가지고 있었다고(A young man had a basket of apples.) 했으므로 글의 내용과 맞다.

(b) 노인은 집에 빨리 가기 위해선, 뛰지 말고 걸어가라고(The old man answered, "Don't run. Walk home. It'll be faster.") 젊은이에게 대답했으므로, 글의 내용과 틀리다.

(c) 젊은이는 노인의 대답을 이해하지 못하고, 바구니를 들고 뛰었다고 했으므로(He started to run with the basket.) 글의 내용과 틀리다.

3 젊은이가 달려서 사과는 바구니 밖으로 계속 떨어졌고, 젊은이는 그것을 줍기 위해 멈추다가 다시 달리는 것을 여러 번 반복했다고(He stopped and picked up the apples. Then he ran again. ~ He repeated this many times.) 했으므로 정답은 ②이다.

4 젊은이는 노인의 ⓐ 대답을 이해하지 못했다. 그는 달렸고 밤늦었을 때 집에 ⓑ 도착했다.

Build Up

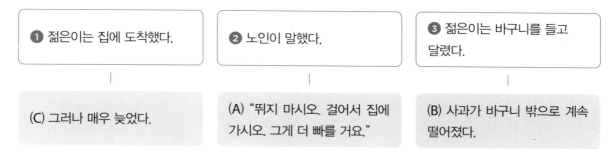

❶ 젊은이는 집에 도착했다.　　　❷ 노인이 말했다.　　　❸ 젊은이는 바구니를 들고 달렸다.

(C) 그러나 매우 늦었다.　　　(A) "뛰지 마시오. 걸어서 집에 가시오. 그게 더 빠를 거요."　　　(B) 사과가 바구니 밖으로 계속 떨어졌다.

Sum Up

> 한 젊은이가 집에 ⓐ 빨리 도착하고 싶어 했다. 한 노인이 "집에 ⓑ 걸어가시오. 그게 더 빠를 거요."라고 말했다. 그러나 젊은이는 노인의 말을 듣지 않았다. 그는 달렸고, 사과가 바구니 밖으로 떨어졌다. 그는 여러 번 멈춰서 사과를 ⓒ 주웠다. 마침내 그는 ⓓ 밤늦었을 때 집에 도착했다.

끊어서 읽기

한 젊은이가 가지고 있었다 / 사과 한 바구니를. 그는 한 노인을 만났다 / 그리고 물었다, //
¹A young man had / a basket of apples. ²He met an old man / and asked, //

"제가 어떻게 집에 빨리 도착할 수 있을까요?" 노인이 대답했다. // "뛰지 마시오. 걸어서 집에 가시오.
"How can I get home fast?" ³The old man answered, // "Don't run. ⁴Walk home.

그게 더 빠를 것이오."
⁵It'll be faster."

젊은이는 그의 대답을 이해하지 못했다. 그는 달리기 시작했다 / 바구니를
⁶The young man didn't understand his answer. ⁷He started to run / with the

들고. 그러나 사과가 계속 떨어졌다 / 바구니 밖으로. 그는 멈췄다 / 그리고
basket. ⁸But the apples kept falling / out of the basket. ⁹He stopped / and picked

사과를 주웠다. 그 다음에 그는 다시 달렸다. 사과는 다시 떨어졌다. 그는 이것을 반복했다 /
up the apples. ¹⁰Then he ran again. ¹¹The apples fell again. ¹²He repeated this /

여러 번. 마침내, / 그는 집에 도착했다. 하지만 매우 늦었다.
many times. ¹³Finally, / he got home. ¹⁴But it was very late.

우리말 해석

젊은이와 사과
¹한 젊은이가 사과 한 바구니를 가지고 있었습니다. ²그는 한 노인을 만나 물었어요, "어떻게 하면 제가 집에 빨리 도착할 수 있을까요?" ³노인은 대답했습니다. "뛰지 마시오. ⁴걸어서 집에 가시오. ⁵그게 더 빠를 것이오."
⁶젊은이는 노인의 대답을 이해하지 못했어요. ⁷그는 바구니를 들고 달리기 시작했습니다. ⁸그러나 사과가 바구니 밖으로 계속 떨어졌어요. ⁹그는 멈춰서 사과를 주웠어요. ¹⁰그리고는 그는 다시 달렸어요. ¹¹사과는 또다시 떨어졌지요.
¹²그는 이것을 여러 번 반복했습니다. ¹³마침내, 그는 집에 도착했어요. ¹⁴하지만 매우 늦었습니다.

주요 문장 분석하기

³The old man said, "**Don't run**."
→ 「Don't+동사원형」은 '~하지 마라'라는 의미의 부정 명령문이다.

⁸But the apples **kept** *falling* out of the basket.
    주어   동사   목적어

→ 「keep[kept]+동사원형+-ing」의 형태는 '~하는 것을 계속하다[계속했다]'라는 의미이다.

→ falling은 '떨어지는 것'으로 해석하며, falling out of the basket은 동사 kept의 목적어이다.

---

04   A Slow Life   pp.98 ~ 101

p. 99 Check Up	1 ③ 2 (a) ○ (b) × (b) ○ 3 ⓐ: choose ⓑ: happiness 4 ③
p. 100 Build Up	ⓐ with ⓑ friends ⓒ nature ⓓ Enjoy
p. 100 Sum Up	ⓐ spend ⓑ walk ⓒ sky ⓓ happy
p. 101 Look Up	A 1 busy 2 everyone 3 nature B 1 choose - 선택하다 2 important - 중요한 3 thing - (사실, 행동 등) 것, 일 4 such - 그러한 C 1 busy 2 always 3 spend

Check Up

1 느리게 사는 생활 방식인 슬로 리빙을 소개하면서 이에 대한 예시를 들며 설명하는 내용이므로 정답은 ③ 이다.

2 (a) 오늘날 모두가 바빠서 때때로 중요한 것들을 놓친다고(Sometimes they miss important things.) 했 으므로 글의 내용과 맞다.

(b) 슬로 리빙을 하는 사람들이 모든 것을 천천히 하느냐는 물음에 아니라고(Do they do everything slowly? No, they don't.) 했으므로, 글의 내용과 틀리다.

(c) 슬로 리빙이란 무엇인가라는 질문에 이어서, 사람들은 그들의 가족들이랑 친구들과 더 많은 시간을 보낸다고(They spend more time with their families and friends.) 했으므로 글의 내용과 맞다.

3
> 어떤 사람들은 슬로 리빙이 그들에게 ⓑ 행복을 가져다주기 때문에, 그것을 ⓐ 선택한다.

4 슬로 리빙을 하는 사람들은 그들의 가족들이랑 친구들과 더 많은 시간을 보내고, 자연에서 더 많은 시간을 보내며, 산책하는 것을 즐긴다고 했다. 따라서 가족과 함께 매일 저녁 식사를 하고 산책하는 '지혜'가 슬로 리 빙을 하는 사람이라는 것을 알 수 있다.

Build Up

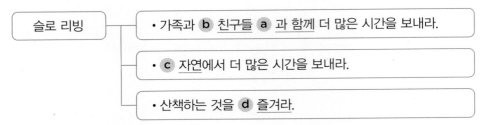

슬로 리빙	• 가족과 **b** 친구들 **a** 과 함께 더 많은 시간을 보내라.
	• **c** 자연에서 더 많은 시간을 보내라.
	• 산책하는 것을 **d** 즐겨라.

Sum Up

내가 학교에서 집에 왔을 때, 아빠가 집에 계셨다. 나는 놀랐다. 아빠는 "너와 더 많은 시간을 **a** 보내고 싶구나."라고 말씀하셨다. 그래서 우리는 저녁 식사를 함께 만들었다. 저녁 식사 때, 우리는 많은 것들에 대해 이야기를 나눴다. 또한, 우리는 **b** 산책했다. 우리는 **c** 하늘에 있는 별도 보았다. 나는 아빠와 함께 있어 너무 **d** 행복했다.

끊어서 읽기

오늘날에. /   모두가 바쁘다.   어떤 사람들은 항상 말한다   // "더 빨리, 더 빨리!"   그들은
¹Today, / everyone is busy. ²Some people always say // "Faster, faster!" ³They

즐기지 않는다 / 자신의 삶을.   때때로 그들은 놓친다   /   중요한 것들을.
don't enjoy / their lives. ⁴Sometimes they miss / important things.

그래서, / 어떤 사람들은 선택한다 / 슬로 리빙을.   슬로 리빙이란 무엇인가?   그들은
⁵So, / some people choose / slow living. ⁶What is slow living? ⁷Do they do

모든 것을 천천히 하는가?   아니, 그렇지 않다.   그들은 보낸다 / 더 많은 시간을 /   그들의 가족들이랑
everything slowly? ⁸No, they don't. ⁹They spend / more time / with their families

친구들과 함께.   그들은 또한 보낸다 / 더 많은 시간을 / 자연에서.   그들은 즐긴다 / 산책하는 것을.
and friends. ¹⁰They also spend / more time / in nature. ¹¹They enjoy / taking a

       그런 일들은 사소하다.   하지만 슬로 리빙은 행복을 가져다준다 / 그들에게.
walk. ¹²Such things are small. ¹³But slow living brings happiness / to them.

우리말 해석

느린 삶

¹오늘날엔 모두가 바쁩니다. ²어떤 사람들은 항상 "더 빨리, 더 빨리!"라고 말합니다. ³그들은 자신의 삶을 즐기지 못합니다. ⁴때때로 그들은 중요한 것들을 놓치기도 합니다.
⁵그래서, 어떤 사람들은 슬로 리빙을 선택합니다. ⁶슬로 리빙이란 무엇일까요? ⁷그들은 모든 것을 천천히 하나요? ⁸아니요, 그렇지 않습니다. ⁹그들은 자신의 가족이랑 친구들과 함께 더 많은 시간을 보냅니다. ¹⁰그들은 또한 자연에서 더 많은 시간을 보냅니다. ¹¹그들은 산책하는 것을 즐깁니다. ¹²그런 일들은 사소한 것입니다. ¹³하지만 슬로 리빙은 그들에게 행복을 가져다줍니다.

✎ 주요 문장 분석하기

¹Today, everyone is busy.
　　　　　주어　　동사　보어

→ everyone은 '모든 사람'이라는 의미를 가진 단수명사이다. 따라서 동사도 단수형인 is가 온다.

²Some people always say, "Faster, faster!"
　　　주어　　　　　동사　　　　목적어

→ always는 '항상'이라는 의미의 빈도부사이다.
→ 빈도부사는 주로 일반동사 앞이나 be동사 뒤에 온다.

⁴Sometimes they miss important things.
　　　　　　　주어　동사　　　목적어

→ Sometimes는 '때때로, 가끔씩'이라는 의미의 빈도부사이다.
→ 빈도부사는 주로 일반동사 앞에 오지만 문장 전체를 강조할 때는 문장 맨 앞으로 온다.

⁹They spend more time with their families and friends.
　주어　동사　　목적어

→ more은 '더 많은'이라는 의미로, much의 비교급 표현이다.

¹¹They enjoy taking a walk.
　주어　동사　　목적어

→ 「enjoy+동사원형+-ing」의 형태는 '~하는 것을 즐기다'라는 의미이다.
→ taking a walk는 '산책하는 것'으로 해석하며, 동사 enjoy의 목적어이다.

왓츠
리딩
What's Reading

Words
70 A

· 정답과 해설 ·
WORKBOOK

01 Cute Bears

p.2

A 1 know 2 Each
  3 same 4 month
  5 the wild 6 long

B 1 winter - 겨울
  2 sleep - (잠을) 자다
  3 plant - 식물

C 1 O: They, have
  2 O: they, sleep
  3 O: Giant pandas, are
  4 O: Giant pandas, eat

D 1 What do you know
  2 giant pandas and bears are not the same
  3 giant pandas don't sleep long
  4 Giant pandas in the wild eat

02 Panda and Polar Bear

p.4

A 1 friend 2 circle
  3 say 4 fish
  5 Cover 6 hungry

B 1 come - 오다
  2 fall in - ~에 빠지다
  3 surprised - 놀란, 놀라는

C 1 O: The polar bear, was

2 O: he, didn't like
3 O: His eyes, had
4 O: a panda, came, said

D 1 a polar bear fell in the mud
  2 They became friends
  3 The panda gave bamboo
  4 The polar bear turned white

03 Pandas in the World

p.6

A 1 care 2 send
  3 keep 4 Return
  5 other 6 free

B 1 zoo - 동물원
  2 stay - 유지하다
  3 million - 100만

C 1 O: People, love
  2 O: The pandas, eat
  3 O: Some countries, return
  4 O: most countries, keep

D 1 China takes good care of pandas
  2 the country sends them
  3 China stays friends, with other countries
  4 They want to see the pandas

04 Sad Pandas

p.8

A 1 show up 2 cry
  3 kill 4 beautiful
  5 alone 6 forever

7 around

B 1 find - 발견하다, 찾다

2 save - 구하다

3 later - 나중에, 후에

C 1 O: the tiger, <u>killed</u>

2 O: they, <u>found</u>

3 O: the panda family, <u>showed up</u>

4 O: The black circles around their eyes, <u>stayed</u>

D 1 There were four beautiful and kind girls

2 The girls saved the panda

3 The family saw the girls and cried

4 Their tears made black circles

• CHAPTER 2 •
Red Food pp.30 ~ 47

01 I Like the Sun!

p.10

A 1 grow   2 cut off

3 like   4 find

5 weak   6 sweet

B 1 need - 필요하다

2 then - 그러면; 그때; 그 후에

3 leaf - 잎

C 1 O: I, <u>like</u>

2 O: Farmers, <u>cut off</u>

3 O: I, <u>am</u>

4 O: I, <u>won't grow</u>

D 1 I need sunshine

2 I can be healthy and strong

3 big like a tennis ball

4 You can find me

02 Poison Apple

p.12

A 1 eat   2 do

3 poison   4 Rich

5 afraid   6 wrong

B 1 bright - 밝은

2 soon - 곧, 머지않아

3 anything - 아무것도

C 1 O: Lead, <u>is</u>

2 O: they, <u>were</u>

3 O: tomatoes, <u>had</u>

4 O: People in Europe, <u>didn't eat</u>

D 1 Some rich people ate tomatoes

2 Everyone became afraid of tomatoes

3 People can get sick

4 Tomatoes didn't do anything wrong

03 A Ball in the Garden

p.14

A 1 throw   2 take

3 pick   4 plant

5 again   6 turn into

B 1 say - 말하다

2 stop - (어떤 일이나 행동을) 막다

3 later - 나중에

C 1 ○: He, <u>took</u>

2 ○: The small fruits, <u>became</u>

3 ○: A baby rabbit, <u>found</u>

4 ○: the baby rabbit, <u>saw</u>

D 1 But his mother threw the ball

2 the baby rabbit saw a small plant

3 the mother stopped him again

4 the flowers turned into small fruits

04 Delicious Sauce!

p.16

A 1 taste   2 begin

3 fresh   4 new

5 whole   6 go bad

B 1 add - 첨가하다, 더하다

2 create - 만들어 내다

3 fast - 빨리

C 1 ○: Farmers, <u>made</u>

2 ○: Some British people, <u>tasted</u>

3 ○: they, <u>used</u>

4 ○: Henry Heinz, <u>created</u>

D 1 ketchup was fish sauce from Asia

2 their tomato ketchup went bad fast

3 He added vinegar and sugar

4 His ketchup stayed fresh

01 Grandfather's Farm

p.18

A 1 visit   2 clean

3 Fill   4 easy

5 farm   6 take care of

B 1 try - 시도하다, 해보다

2 help - 도움

3 again - 다시

C 1 ○: The baby cow, <u>was</u>

2 ○: the cow, <u>kept</u>

3 ○: My grandfather, <u>needed</u>

4 ○: It, I, <u>wasn't</u>, <u>felt</u>

D 1 I took care of the mother cow

2 I needed milk from the cow

3 I hugged the cow, and tried again

4 I filled a bucket with milk

02 Charging Bull

p.20

A 1 come   2 make

3 gift   4 building

5 under   6 Take away

B 1 police - 경찰

2 bring - 가져오다

3 outside - 밖에, 바깥에

C 1 ○: It, <u>is</u>

2 ○: The city, <u>didn't allow</u>

3 O: many people, <u>wanted</u>

4 O: he, <u>put</u>

D 1 Many people come, to see it

2 Who made the bull

3 The police took it away

4 The city brought it back

03 Raju and the Farmer

p.22

A 1 become   2 decide

3 sell   4 sick

5 money   6 home

B 1 hear - 듣다

2 throw out - 버리다

3 village - 마을

C 1 O: He, <u>wanted</u>

2 O: The cow, <u>became</u>

3 O: He and Raju, <u>asked</u>

4 O: it, <u>became</u>, <u>stopped</u>

D 1 He sold the milk

2 and took it home

3 and became rich

4 The cow will decide its owner

04 Cows: Giving Animals

p.24

A 1 reason   2 carry

3 heavy   4 helpful

5 pull   6 work

B 1 life - 일생, 생애

2 cart - 수레

3 like - ~와 비슷한

C 1 O: Cows, <u>worked</u>

2 O: Farmers, <u>got</u>

3 O: people, <u>didn't eat</u>

4 O: cows, <u>were</u>

D 1 many people enjoy eating beef

2 Cows were very important

3 There were some reasons

4 people carried heavy things

01 Māui vs. the Sun God

p.26

A 1 travel   2 catch

3 hit   4 future

5 short   6 near

7 fast

B 1 grow - 재배하다, 기르다

2 daytime - 낮

3 outside - 밖으로

C 1 O: Daytime, <u>was</u>

2 O: The Sun God, <u>slept</u>

3 O: Māui, <u>hit</u>

4 O: People, <u>couldn't grow</u>

D 1 the Sun God traveled fast

2 Māui wanted to help people

3 The Sun God promised to slow down

4 daytime became long enough

02 Teotihuacán

p.28

A 1 build 2 leave

3 call 4 size

5 surprised 6 so

B 1 destroy - 파괴하다

2 stadium - 경기장

3 about - 약, 대략

C 1 O: Everyone, <u>left</u>

2 O: They, <u>found</u>

3 O: people, <u>built</u>

4 O: a fire, <u>destroyed</u>

D 1 the Aztecs found the city

2 They called the city

3 It means "the city of the gods"

4 because it is so big

03 Fox Fire

p.30

A 1 run 2 lift

3 different 4 tail

5 create 6 go into

B 1 moonlight - 달빛

2 catch - (빛을) 받다

3 brush - 스치다

C 1 O: They, <u>run</u>

2 O: Their tails, <u>brush</u>

3 O: fire foxes, <u>made</u>

4 O: They, <u>catch</u>, <u>create</u>

D 1 There are two different stories

2 those sparks light up the sky

3 But their tails lift up snowflakes

4 The snowflakes go into the sky

04 How's the Weather?

p.32

A 1 rain 2 worry

3 calm 4 strong

5 dangerous 6 weather

B 1 windy - 바람이 많이 부는

2 break - 고장 내다, 부수다

3 sometimes - 때때로, 가끔

C 1 O: A solar storm, <u>can happen</u>

2 O: Most space weather, <u>is</u>

3 O: it, <u>Is</u>

4 O: everything on Earth, <u>will stop</u>

D 1 Does it rain in space

2 don't worry about space weather

3 the Sun creates a very strong wind

4 There will be no power or Internet

CHAPTER 5

Slowness

pp.84 ~ 101

01 My Special Pet

p.34

A 1 Smell 2 slow
3 everything 4 walk
5 pet 6 slowly
7 wait for

B 1 fast - 빨리, 빠르게
2 look at - ~을 보다
3 say hi - 인사하다

C 1 ○: She, saw
2 ○: The sloth, did
3 ○: her pet sloth, was
4 ○: she, took

D 1 She ate fast
2 she smelled flowers
3 She also looked at the stars
4 Alice enjoyed doing things slowly

02 Slow Sloth

p.36

A 1 sleep 2 protect
3 move 4 step
5 once 6 sometimes

B 1 enemy - 적
2 hour - 시간
3 grow - 자라다

C 1 ○: They, go
2 ○: Sloths, move
3 ○: They, eat, sleep
4 ○: Their enemies, miss

D 1 one of the slowest animals
2 their slowness protects them
3 they don't move much
4 They look like part of a tree

03 A Young Man and Apples

p.38

A 1 get 2 fall
3 late 4 answer
5 basket 6 pick up

B 1 stop - 멈추다, 서다
2 repeat - 반복하다
3 understand - 이해하다

C 1 ○: The apples, fell
2 Don't run, Walk
3 ○: The young man, didn't understand
4 ○: He, started

D 1 A young man had a basket of apples
2 But the apples kept falling
3 and picked up the apples
4 He repeated this many times

04 A Slow Life

p.40

A 1 thing 2 spend
3 busy 4 nature
5 happiness 6 always

B 1 small - 사소한, 작은

    2 take a walk - 산책하다

    3 some - 어떤, 일부의

C 1 O: They, <u>enjoy</u>

    2 O: They, <u>spend</u>

    3 O: They, <u>don't enjoy</u>

    4 O: Some people, <u>say</u>

D 1 Some people choose slow living

    2 Do they do everything slowly

    3 They spend more time

    4 slow living brings happiness to them

MEMO

한눈에 보는
왓츠 Reading 시리즈

70 A|B | **80** A|B

90 A|B | **100** A|B

1 체계적인 학습을 위한 시리즈 및 난이도 구성
2 재미있는 픽션과 유익한 논픽션 50:50 구성
3 이해력과 응용력을 향상시키는 다양한 활동 수록
4 지문마다 제공되는 추가 어휘 학습
5 워크북과 부가자료로 완벽한 복습 가능
6 학습에 편리한 차별화된 모바일 음원 재생 서비스
　→ 지문, 어휘 MP3 파일 제공

단계	단어 수 (Words)	Lexile 지수
70 A	60 ~ 80	200-400L
70 B	60 ~ 80	
80 A	70 ~ 90	300-500L
80 B	70 ~ 90	
90 A	80 ~ 110	400-600L
90 B	80 ~ 110	
100 A	90 ~ 120	500-700L
100 B	90 ~ 120	

* Lexile(렉사일) 지수는 미국 교육 연구 기관 MetaMetrics에서
　개발한 독서능력 평가지수로, 미국에서 가장 공신력 있는 지수로
　활용되고 있습니다.

부가자료 다운로드
www.cedubook.com

READING RELAY 한 권으로
영어를 공부하며 국·수·사·과까지 5과목 정복!
리딩릴레이 시리즈

① 각 챕터마다 주요 교과목으로 지문 구성!

우리말 지문으로 배경지식을 읽고, 관련된 영문 지문으로 독해력 키우기

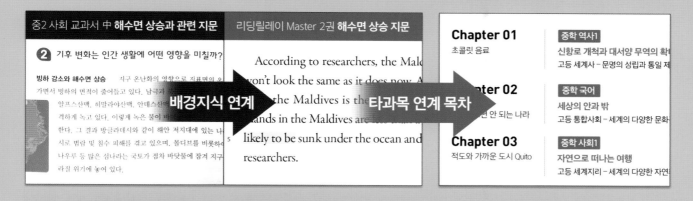

중2 사회 교과서 中 **해수면 상승과 관련 지문**	리딩릴레이 Master 2권 **해수면 상승 지문**
② 기후 변화는 인간 생활에 어떤 영향을 미칠까? **빙하 감소와 해수면 상승** 지구 온난화의 영향으로 지표면의 오 가면서 빙하의 면적이 줄어들고 있다. 남극과 알프스산맥, 히말라야산맥, 안데스산맥 격하게 녹고 있다. 이렇게 녹은 물이 바 한다. 그 결과 방글라데시와 같이 해안 저지대에 있는 나 시로 범람 및 침수 피해를 겪고 있으며, 몰디브를 비롯하여 나우루 등 많은 섬나라는 국토가 점차 바닷물에 잠겨 지구 라질 위기에 놓여 있다.	According to researchers, the Mal won't look the same as it does now. A the Maldives is the ands in the Maldives are too like likely to be sunk under the ocean and researchers.

배경지식 연계 → **타과목 연계 목차** →

Chapter 01 초콜릿 음료	**중학 역사1** 신항로 개척과 대서양 무역의 확[...] 고등 세계사 - 문명의 성립과 통일 제[...]
[...]pter 02 [...]면 안 되는 나라	**중학 국어** 세상의 안과 밖 고등 통합사회 - 세계의 다양한 문화[...]
Chapter 03 적도와 가까운 도시 Quito	**중학 사회1** 자연으로 떠나는 여행 고등 세계지리 - 세계의 다양한 자연[...]

② 학년별로 국/영문의 비중을 다르게!

지시문 & 선택지 기준

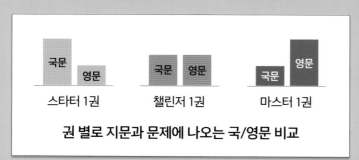

스타터 1권   챌린저 1권   마스터 1권

권 별로 지문과 문제에 나오는 국/영문 비교

③ 교육부 지정 필수 어휘 수록!

교육부 지정 중학 필수 어휘 🎧	
genius	명 1. **천재** 2. 천부의 재능
slip	동 1. **미끄러지다** 2. 빠져나가다
compose	동 1. 구성하다, ~의 일부를 이루다 2. 3. 작곡하다
	형 (현재) 살아 있는

쎄듀 초·중등 커리큘럼

초등

	예비초	초1	초2	초3	초4	초5	초6
구문		천일문 365 일력 [초1-3] 교육부 지정 초등 필수 영어 문장		초등코치 천일문 SENTENCE 1001개 통문장 암기로 완성하는 초등 영어의 기초			
문법				초등코치 천일문 GRAMMAR 1001개 예문으로 배우는 초등 영문법			
		왓츠 Grammar			Start (초등 기초 영문법) / Plus (초등 영문법 마무리)		
독해				왓츠 리딩 70 / 80 / 90 / 100 A / B 쉽고 재미있게 완성되는 영어 독해력			
어휘				초등코치 천일문 VOCA&STORY 1001개의 초등 필수 어휘와 짧은 스토리			
		패턴으로 말하는 초등 필수 영단어 1 / 2 문장 패턴으로 완성하는 초등 필수 영단어					
ELT		Oh! My PHONICS 1 / 2 / 3 / 4 유·초등학생을 위한 첫 영어 파닉스					
		Oh! My SPEAKING 1 / 2 / 3 / 4 / 5 / 6 핵심 문장 패턴으로 더욱 쉬운 영어 말하기					
		Oh! My GRAMMAR 1 / 2 / 3 쓰기로 완성하는 첫 초등 영문법					

중등

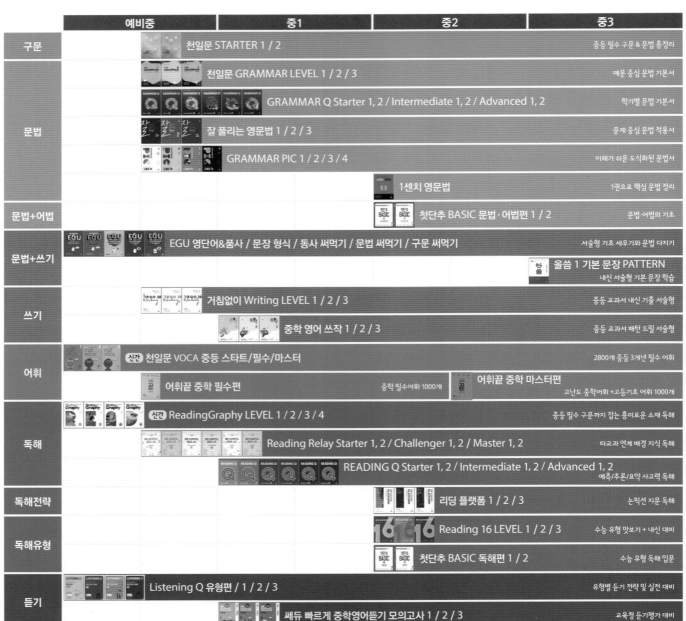

	예비중	중1	중2	중3
구문		천일문 STARTER 1 / 2		중등 필수 구문 & 문법 총정리
문법		천일문 GRAMMAR LEVEL 1 / 2 / 3		예문 중심 문법 기본서
		GRAMMAR Q Starter 1, 2 / Intermediate 1, 2 / Advanced 1, 2		학기별 문법 기본서
		잘 풀리는 영문법 1 / 2 / 3		문제 중심 문법 적용서
		GRAMMAR PIC 1 / 2 / 3 / 4		이해가 쉬운 도식화된 문법서
			1센치 영문법	1권으로 핵심 문법 정리
문법+어법		첫단추 BASIC 문법·어법편 1 / 2		문법·어법의 기초
문법+쓰기		EGU 영단어&품사 / 문장 형식 / 동사 써먹기 / 문법 써먹기 / 구문 써먹기		서술형 기초 세우기와 문법 다지기
				올쏨 1 기본 문장 PATTERN 내신 서술형 기본 문장 학습
쓰기		거침없이 Writing LEVEL 1 / 2 / 3		중등 교과서 내신 기출 서술형
		중학 영어 쓰작 1 / 2 / 3		중등 교과서 패턴 드릴 서술형
어휘		[신간] 천일문 VOCA 중등 스타트/필수/마스터		2800개 중등 3개년 필수 어휘
		어휘끝 중학 필수편	중학 필수어휘 1000개	어휘끝 중학 마스터편 고난도 중학어휘 +고등기초 어휘 1000개
독해		[신간] ReadingGraphy LEVEL 1 / 2 / 3 / 4		중등 필수 구문까지 잡는 흥미로운 소재 독해
		Reading Relay Starter 1, 2 / Challenger 1, 2 / Master 1, 2		타교과 연계 배경 지식 독해
		READING Q Starter 1, 2 / Intermediate 1, 2 / Advanced 1, 2		예측/추론/요약 사고력 독해
독해전략			리딩 플랫폼 1 / 2 / 3	논픽션 지문 독해
독해유형			Reading 16 LEVEL 1 / 2 / 3	수능 유형 맛보기 + 내신 대비
			첫단추 BASIC 독해편 1 / 2	수능 유형 독해 입문
듣기		Listening Q 유형편 / 1 / 2 / 3		유형별 듣기 전략 및 실전 대비
		쎄듀 빠르게 중학영어듣기 모의고사 1 / 2 / 3		교육청 듣기평가 대비